湯澤正通　編著

知的発達の理論と支援

ワーキングメモリと教育支援

シリーズ
支援のための
発達心理学
本郷一夫　監修

金子書房

シリーズ刊行にあたって

　近年，障害の確定診断の有無にかかわらず，様々な支援ニーズをもつ子どもや大人が増加している。また，そのような人々に対する多くの支援技法も紹介されている。しかし，ある人に対して「うまくいった」支援技法を他の人に適用しても必ずしもうまくいくとは限らない。また，支援直後に「うまくいった」ように見えても，その後の人生にとってその支援が効果的であるかはわからない。重要なことは，表面的な行動の変化ではなく，その人の過去から現在に至る生活の理解に基づいて，その人の現在と未来の生活に豊かさをもたらす支援を行うことであろう。すなわち，人の発達の理解に基づく発達支援である。

　そのような観点から，シリーズ「支援のための発達心理学」は企画された。本シリーズは，人が抱える問題の理論的基礎を理解するとともに，それに基づく具体的支援方法を学ぶことを目的とした。その点から，次の2つの特徴をもつ。第1に，単なる支援技法としてではなく，発達心理学の最新の知見に基づく支援のあり方に焦点を当てている点である。第2に，各領域の発達は，その領域の発達だけでなく，他の領域の発達と関連しながら起こるという機能間連関を重視している点である。

　現在，発達支援に関わっている心理士・教師・保育士，これから支援に関わりたいと思っている学生・大学院生などの方に，本シリーズを是非読んでいただきたい。そして，それが新たな支援の展開と支援方法の開発につながっていくことを期待している。

　最後になったが，このシリーズの出版の機会を与えていただいた金子書房，また迅速で的確な作業を進めていただいた担当の加藤浩平氏には深く感謝の意を表したい。

2018年2月

シリーズ監修　本郷一夫

Contents

シリーズ刊行にあたって　　i

第Ⅰ部　支援の理論

第1章　知的発達の支援を支える理論
······································· 湯澤正通　2

第2章　知的発達のアセスメント
······································· 水田めくみ　18

第Ⅱ部　領域別の支援の方法

第3章　国語の支援
······································· 山田　充　30

第4章　算数・数学の支援
······································· 河村　暁　40

第5章　英語学習の支援
······································· 湯澤美紀　52

第6章　学び方の学習
······································· 栗本奈緒子　63

第Ⅲ部　子どもの発達に応じた具体的な実践

第7章　幼児期の知的発達の支援

・・・・・・・・・・・・・・・・・・・・・・・・・・・・・・・・・・・・・久保山茂樹　76

第8章　児童・生徒の知的発達の支援
―― 運動や学習課題を介した人間的交流の実践

・・・・・・・・・・・・・・・・・・・・・・・・・・・・・・・・・・・・・吉田英生　86

第9章　青年期の知的発達の支援

・・・・・・・・・・・・・・・・・・・・・・・・・・・・・・・・・・・・・湯澤美紀　97

第10章　家庭における知的発達の支援と家族支援

・・・・・・・・・・・・・・・・・・・・・・・・・・・・・・・・・・・・・藤田久美　106

第Ⅰ部

支援の理論

第Ⅰ部　支援の理論

第1章 知的発達の支援を支える理論

湯澤正通

1 はじめに

　子どもの知的発達のルートやそこを進むスピードは様々である。それは，子どもの学びの個性によるものである。子どもの学びの個性をとらえるために，これまで様々な考えが提唱されてきた。代表的なものには，ピアジェの発生的認識論やヴィゴツキーの発達の最近接領域がある。一方で，個々の子どもの知的発達をとらえるために，WISCなどの知能テストも開発されてきた。ここでは，こうした考え方やテストを網羅的に取り上げ，説明することはしない。実用的ではないし，無駄に混乱させるだけだからである。筆者は，発達障害や学習遅滞を抱える子どもの学びの個性をとらえ，支援を考えるために最も有益な指標は，ワーキングメモリ（working memory）であると考えている。実際，2010年，WISC-Ⅳの日本語版が発売され，その中に，ワーキングメモリ指標が導入された。このことは，ワーキングメモリが子どもの知的発達の重要な側面として新たに認められたことを意味する。そこで，本章では，知的発達の支援を考える理論として，ワーキングメモリに焦点を当てることにする。

　「ワーキングメモリ」という脳の働きが，子どもの学びの個性の一部であることが知られるようになったのは，最近のことである。ワーキングメモリは，喩えて言えば，「脳の黒板」「脳への情報の入り口」「思考や行動の脳の司令塔」といったものである。

　子どものワーキングメモリはときに，学校での画一的な教育に合わないことがある。そんなとき，「怠けている」「頑張りが足りない」と言われると，その子どもは，傷つき，自信を失ってしまう。そうではなく，それをその子どもの学びの個性として理解し，一人ひとりのワーキングメモリに合わせた教育を行う

ことで，子どもたちは，学ぶことの喜びを感じ，自信を持つことができるようになる。

　このことは，一見，簡単なことのようである。現在，学習の困難を克服するための多種多様な支援方略が提案され，書店の特別支援のコーナーには書籍が積み上げられ，ネットで検索すると多くの情報を得ることができる。しかし，教師（支援者）が選択した支援方略がその子どもの学びの個性とマッチしなければ，まったく効果を発揮しないばかりか，その子どもは，課題に失敗し続け，ますます自信を喪失してしまう。教師にとって必要なことは，ワーキングメモリという一人ひとりの学びの個性を把握し，それにマッチした支援方略を用いることである。子どもの学習のルートやスピードは，どのように教師が子どもを導くかに依存する。学習のルートやスピードが様々であっても，適切な支援によって「わかった」とき，すべての子どもは，喜びの笑顔をたたえる。それはまた，支援者や保護者にとっても至福のときである。

2 知的発達の理論：ワーキングメモリ理論

（1）ワーキングメモリの基本的な働き：目的を覚えておく

　ワーキングメモリは，主に前頭葉と呼ばれる人間の脳の働きに依存している。前頭葉は，額の内側にあり，人類で大きく進化した。私たちは何かをしたり，考えたりするとき，目標となる情報や得られた情報を頭の中に一時的に覚えておく必要がある。例えば，教師に「教科書の35ページを開いて，問題1をノートに写してください」と指示を受けたとき，それを実行するには，子どもは，「35ページの問題1をノートに写す」という情報を覚えておかなければならない。教科書を机の中から出している途中，「35ページ」という情報を忘れてしまうと，「あれ，何ページだっけ？」ときょろきょろ周囲を見渡すことになる。

　「目的を覚えておく」ことがワーキングメモリの基本的な働きである。しかし，目的を覚えておくことは，子どもにとって簡単なことではない。学校の授業で，隣の子どもとおしゃべりをしたり，ボーッと窓の外を眺めたりしている子どもは必ずいる。そうした子どもは，今，「算数」の時間で，何をすべきなの

かを忘れてしまっている。教師から，「おしゃべりをやめて！　黒板をノートに写しなさい！」と注意されるかもしれないが，それは，目的を忘れた（ワーキングメモリから必要な情報を失った）子どもに対して，教師がワーキングメモリの働きを補い，支援を行っているのである。

（2）ワーキングメモリは「脳の黒板」，「脳の入り口」，「ボトルネック」

　ワーキングメモリは，短い時間に頭の中で情報を保持し，同時に処理する「脳の黒板」（図1-1）と定義することができる。今の授業の学習目的が「分数の足し算」を理解することだとすれば，子どもは，分数の足し算の方法について教師の説明を聞いている間，目的である「分数の足し算」という情報をワーキングメモリ（脳の黒板）に覚えておかなければならない。そうでないと，何について学んでいるのか分からなくなる。

　また，ワーキングメモリは，脳の長期記憶に知識を蓄えるための情報の「入り口」にたとえることができる。子どもが授業を受けている間，教師の説明や黒板に書かれた文字など，目や耳から無数の情報が頭に入ってくるが，ほとんどは頭に残らない。頭に残るのは，ワーキングメモリに保持され，考えられた情報である。

　その入り口が大きい子どももいれば，小さい子どももいる。それは，あたかもいろいろな形のボトルがあって，ボトルによってその口の大きさが異なっていることと同じである。「脳の入り口」であるワーキングメモリの大きい子どもは，教師の説明や教科書の文字がどんどん頭に入ってくるため，学習が容易

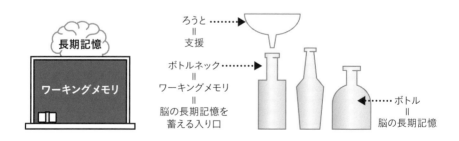

図1-1　ワーキングメモリの働きのたとえ（湯澤・湯澤, 2017）

である。一方，「脳の入り口」であるワーキングメモリの小さい子どもは，教師の説明や教科書の文字がなかなか頭に入らない。そのため，すぐに，「脳の黒板」であるワーキングメモリが情報でいっぱいになり，情報があふれだしてしまう。ワーキングメモリ（頭）が情報でいっぱいになると，当然，その子どもは，教師の説明が分からなくなる。何の説明をしているのか，目的も忘れてしまう。ワーキングメモリが「ボトルネック」とたとえられる理由である。

　発達障害（特に学習障害）を抱える子どもは，しばしば，ワーキングメモリが普通の子どもよりも小さい。そうした子どもは，最初は，まじめに教師の説明を聞いているが，次第に，ワーキングメモリが情報でいっぱいになって，教師の説明が分からなくなってしまう。分からなくなると，退屈なので，ボーッとしているか，手遊びをするか，隣の友達に話しかける。すると，教師に「まじめに聞きなさい」と注意される。しかし，実は，最初まじめに聞いていたのだが，頭が情報でいっぱいになって，分からなくなってしまったのだ。

　教師の役割は，ワーキングメモリが小さく，すぐに情報でいっぱいになってしまう子どもに対して，情報が脳に入りやすくするための支援をすることである。それは，たとえて言えば，図1-1にあるように，口が小さく，液体を入れにくいボトルに対して，「ろうと」を利用して，液体を入りやすくするようなものである。教師の役割は，まさに，ボトルに対する「ろうと」なのである。

（3）ワーキングメモリの重要な特徴

　ワーキングメモリの重要な特性の一つは，（2）で述べたように，一度に処理し，保持できる情報の容量に限界があることである。その情報の容量は，年齢によって変化し，また同じ年齢でも大きな個人差がある。容量の限界を超えてしまうと，ワーキングメモリから情報がすべて失われてしまう。そのため，一度に多くのことを子どもに指示すると，何一つできないということが生じる。

　もう一つの重要な特徴は，音声情報とイメージの情報が脳の異なる部位に記憶されることである。このことは，学習にとって大きな意味を持っている。すなわち，音声とイメージの情報は，相互に独立して覚えられるため，補完し合うことができる。個人によって，音声情報に関するワーキングメモリが強い者とイメージの情報に関するワーキングメモリが強い者がいる。口頭（音声情

報）だけで指示すると，音声情報に関するワーキングメモリが弱い子どもには指示が通らないが，音声情報と視空間情報の両方で指示すると，いずれかのワーキングメモリに情報が留まり，指示が通る可能性が高くなる。

　図1-2は，人間の頭（脳）を上から見た図式である。上に左右の目が描かれている。上部（額の裏側）に前頭葉と呼ばれる脳の部位があり，そこが中央実行系と呼ばれるワーキングメモリの司令塔である。ここで注意を配分したり，情報を処理したりする。脳の左側，すなわち左側頭葉には，言葉や数などの音声情報を覚えておく言語的短期記憶がある。中央実行と言語的短期記憶は，一緒に働いて，音声情報を処理しながら，保持する。この働きが言語性ワーキングメモリである。他方，脳の右側，すなわち右側頭葉には，形や位置などの視空間情報を覚えておく視空間的短期記憶がある。中央実行と視空間的短期記憶は，一緒に働いて，視空間情報を処理しながら，保持する。この働きが視空間性ワーキングメモリである。

（4）ワーキングメモリと実行機能

　ワーキングメモリは，思考と行動の制御に関わる実行機能（executive functions）の一つである。実行機能は，思考と行動の制御を行うプロセスであ

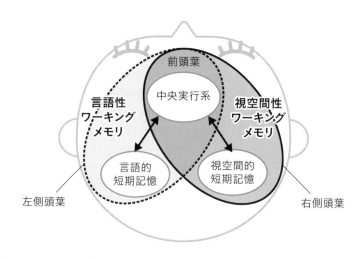

図1-2　ワーキングメモリのモデル(Gathercole & Alloway, 2008/2009より)

り，前頭葉の働きと関連する（斎藤・三宅，2013）。

　実行機能には，3つの要素が含まれていることが分かっている。第1に，抑制（inhibition）である。これは，目標達成に当面関わらない無関連事象を抑制したり，習慣的に形成された行為を抑制したりする働きである。第2に，更新（updating）である。これは，入力されつつある情報を符号化し，モニタリングし，そして古くなった情報を課題とより関連する新しい情報に置き換える働きである。これが，ワーキングメモリに相当するとされている。第3に，シフト（shift）である。これは，課題や状況に合わせて注意をシフトする働きである。

　例えば，学校での授業の場面を考えてみよう。第1に，始業のチャイムがなったら，子どもは，休み時間，どんなに遊びが盛り上がっていても，気持ちを切り替え，遊びを中断し，片付けをし，教室に戻って，次の授業の準備をしなければならない。または，今日は，次の時間，体育館に行くため，いつもより5分早く，遊びを切り上げ，体育館に行かなければならない。これがシフトの働きである。幼い子どもや自閉症スペクトラム障害（ASD）の子どもは，気持ちの切り替えやとっさの変更が苦手であり，遊びをなかなか止めることができず，しばしばパニックに陥る。第2に，いったん授業が始まったら，子どもは，授業に「集中」しなければならない。授業中，気の散りやすい刺激がたくさんある。窓の外や廊下から隣のクラスの子どもたちの声や小鳥の声が聞こえてきて，そちらに視線を向けてしまうかもしれない。昨日見たアニメを思い出して，次回の展開を想像し，隣の子どもに「昨日，テレビ見た？　次，どうなると思う？」と話しかけてしまうかもしれない。お昼近くになり，お腹が空いてきて，給食のことを考えてしまうかもしれない。このような子どもは，「勉強する」という目的を忘れてしまっている。教師に「おしゃべりを止めて，前を見なさい」と注意されて，ようやく，「今，授業中であり，勉強中だ」という目的を思い出す。授業中，気が散ってしまうことは，どの子どもでもあるかもしれないが，特に，注意欠如多動性障害（ADHD）の特性を持った子どもは，刺激に注意を取られやすく，抑制が効かない。第3に，授業中，教師の指示によって学習活動は，次々と展開していく。国語の授業で，最初に文章全体を読んだ後，感想をノートに書いて，発表し，その後，第1段落から精読していくといった具

合である。最初,教科書を黙読しながら,文章全体のストーリーを把握する。次に,そのストーリーの情報を頭に置きながら,感想を考え,ノートに書き写す。発表の間,お友達の感想を聞いて,自分の感想と比べる。その後,第1段落に戻って,再度,文章を読む。この間,頭の中(ワーキングメモリ)に保持されている情報は,常に更新されている。文章を読んでいる途中で頭がいっぱいになって,わからなくなったり,いつまでも感想を考えていたりしたら,授業についていけなくなる。このような更新の働きがワーキングメモリによって担われている。

　図1-3は,以上の実行機能の3つの要素と知能との関係を図式化したものである。抑制,更新,シフトは,実行機能の3つの要素であるため,相互に密接に関連している。ところが,3つの要素の中で,知能と直接関連しているのは,更新(ワーキングメモリ)だけなのである。抑制とシフトは,更新(ワーキングメモリ)を介して,知能に影響を及ぼす。知能とは,考える力(流動性知能)や知識(結晶性知能)のことであり,第1節で述べたように,ワーキングメモリが学習および知的発達を支えていることを考えると,納得がいく。同時に,上記の例からわかるように,抑制やシフトは,学習をするために前提となる態度を導いている。気持ちの切り替えや,注意が逸れるのを我慢することができなければ,授業や学習どころではない。気持ちの切り替えや注意の逸れの我慢

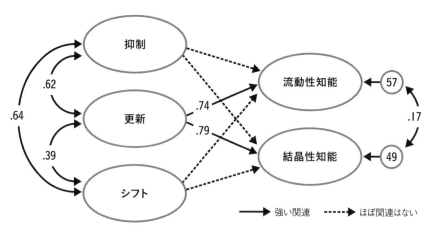

図1-3　実行機能と知能との関連(Friedman et al., 2006 より)

ができて初めて，学習が始まり，ワーキングメモリ（更新）が働き始める。その結果，学力（知能）が向上する。その意味で，抑制とシフトは，ワーキングメモリ（更新）を介して，知能の向上に貢献する。

3　ワーキングメモリと学習困難

（1）ワーキングメモリと学習

　第1節（p.2）で，ワーキングメモリは，「脳への情報の入り口」であると述べた。「脳への情報の入り口」であるワーキングメモリが大きければ，その子どもの脳には，情報が入りやすく，その子どもは，容易に学ぶことができる。しかし，ワーキングメモリが小さいと，その子どもの脳に情報が入りにくく，学習遅滞や学習困難に直面しやすい。実際，ワーキングメモリと学力との関連を示した多くの研究が行われている（湯澤・湯澤，2014）。例えば，Gathercole & Alloway（2008/2009）は，イギリスで14〜15歳時点に実施される全国統一テストの成績とワーキングメモリと関係を調べた。英語（国語），数学，理科のそれぞれの教科の得点によって上位群，平均群，下位群に分け，それぞれの群のワーキングメモリ得点の平均を求めたところ，いずれの教科についても，上位群，平均群，下位群になるにつれて，ワーキングメモリ得点の平均が低下した。

（2）ワーキングメモリの問題が予測する学習困難のタイプ

　ワーキングメモリの問題は，学習困難と密接に関わっているが，子どもが抱えるワーキングメモリの問題のタイプによって，学習困難の内容も異なっている。Pickering & Gathercole（2004）は，特別な教育的ニーズ（Special Educational Need）があると学校から認定されている子どもを4つのグループに分け，それぞれのグループのワーキングメモリと短期記憶の得点を比較した。第1に，読みと算数の両方に困難のある子どものグループは，ワーキングメモリ，言語的短期記憶，視空間的短期記憶のすべての得点が低かった。第2に，言語に関連した問題のある子どものグループは，ワーキングメモリと言語

的短期記憶の得点が極端に低かったが，視空間的短期記憶の得点は平均レベルであった。第3に，読みに特化した困難のある子どものグループは，ワーキングメモリ，言語的短期記憶，視空間的短期記憶の3つの側面において，やや低めの平均レベルであった。第4に，情動的，行動面な問題を抱えるグループの子どもは，3つの側面において，年齢相応の成績レベルであった。

4 ワーキングメモリ理論に基づいた知的発達の支援の方法

(1) 参加から理解・習得・活用へ

前節で述べたように，ワーキングメモリに問題があると，学習に困難を示す。しかし，逆に，学習に困難を示すからと言って，必ずしもワーキングメモリに問題があるわけではない。学習の困難の原因は様々である。先に，ワーキングメモリは，実行機能の一部として，抑制とシフトの機能と密接に関わっていると述べた。抑制やシフトがうまく働かなければ，そもそも学習が成り立たない。学習が成り立たないという点で，抑制やシフトに問題がある子どもは，学習に困難を示す。

小貫（2014）は，学びを参加，理解，習得，活用の4つのレベルに分けてと

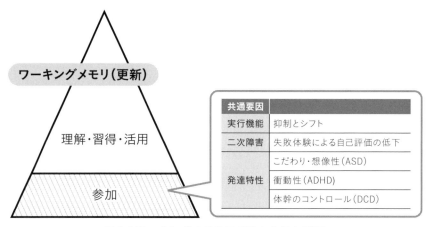

図1-4 ワーキングメモリモデルから見た学習

らえる「学びの階層モデル」を提案している。図1-4は，「学びの階層モデル」に先に述べた実行機能の要素と関連する要因を位置づけたものである。ここでの「学習」は，単に国語や算数といった学校での教科のみならず，生活の中での文化的行動の学習も含まれる。まず，そもそも学習に参加しなければ，学習が始まらない。そのため，参加が学習の土台となる。参加するためには，「目的」を意識して，目的に向けて気持ちを切り替え（シフト），目的と関連ないことを我慢（抑制）しなければならない。また，特に年齢の高い子どもの中には，失敗経験を繰り返し，やる気を失い，最初からあきらめてしまう者も多い（二次障害）。さらには，それぞれの子どもの持つ発達特性が参加を妨げていることがある。例えば，発達性協調運動障害（DCD）のある子どもにとって姿勢を保つことが難しい。授業中，背筋を伸ばして話を聞かないと，注意を集中させることが難しい。こうした参加のところでうまくいっていない子どもは，参加を促すような支援が必要となる。

　参加ができて始めて，ワーキングメモリ（更新）の出番となる。ワーキングメモリが働いて，子どもたちは，学習内容（情報）を理解することができる。理解できなければ，忘れてしまうし，理解できれば，その情報が知識として脳に習得される可能性が高まる。さらに，今の学校の学習指導要領の最終的な目標は「知識の活用」である。もちろん，これまでの節で説明してきたように，ワーキングメモリが小さい子どもは，しばしば，「脳の黒板」であるワーキングメモリがすぐに情報でいっぱいになり，学習内容を理解できず，学習困難に直面する。第2節（p.4〜5）で述べたように，教師の役割は，脳の入り口が小さく，情報が入りにくい子どもに対して，口が小さく，液体を入れにくいボトルに対する「ろうと」のように，情報を入りやすくすることである。

（2）参加の支援方略

　知的発達，すなわち学習に対する支援として最初に行うべきことは，参加の支援である。参加の支援は，例えば，話し始めた赤ちゃんに対して，保護者が手助けしながら，食事や遊びなどの文化的な活動に参加することを手助けすることに似ている。それぞれの子どもの発達の特性に応じてその手助けの仕方は異なっており，また，その子どもの発達の特性を最もよく知っている保護者が

第I部　支援の理論

最も効果的に働きかける。

　ただし，ADHD，ASD，DCDといった子どもの発達の特性のタイプに応じて，学ぶ姿勢の確保，時間の管理，環境構成といった参加の支援の方法を考える必要がある。まず，子どもの発達特性にかかわらず，学ぶ姿勢を身に着けることが大切である。落ち着きのない子どもは，しばしば，「落ち着いてすわる」ことがどういう状態なのかわからいことがある。床に横になっても，力を抜いて，全身を弛緩することができず，特定の部分が緊張していたりする。そのような子どもに対しては，「1分間集中トレーニング」（上嶋，2008）などを行うことが効果的である。また，ADHDやASDを抱える子どもの中には，時間感覚が乏しく，見通しを持てないと不安になる者がいる。そのような子どもに対して，時間的な見通しを視覚的に示すと，落ち着くことがある。さらに，ADHDやASDを抱える子どもに対して，不必要な情報を，視界から除外することが必要である。

（3）ワーキングメモリの支援方略

　参加ができるようになったら，次は，理解・習得の支援である。理解・習得の支援は，ワーキングメモリが情報でいっぱいになり，子どもの思考がストップし，ぼんやり（マインド・ワンダリング）しないように，ワーキングメモリの働きを促すことである。様々な支援が提案されているが，ワーキングメモリの観点から4つに分類できる。さらに，授業の場面ごとに，支援方略を整理したのが表1-1である。

　第1に，「情報の整理」である。整理されていない情報を子どもが受け取ると「脳への情報の入り口」であるワーキングメモリはすぐに混乱して，あふれてしまう。「情報を構造化」し，簡潔に示す。例えば，なぜ教師は授業の冒頭でその授業のねらいを子どもに示すのであろうか。それは，子どもが「ねらい」にそって，その後の授業の情報に選択的に注意を向け，構造化しやすくするためである。一方，実は，「脳への情報の入り口」は，音声のチャンネルとイメージのチャンネルの2つがある。そこで，その子どもが得意とするチャンネルで情報を受け取れるように，情報を聴覚的側面と同時に視覚的側面から提示する（多重符号化）。

表1-1 ワーキングメモリ理論による支援方略の分類（湯澤ら, 2013）

	情報の整理	情報の最適化	記憶のサポート	注意のコントロール
	情報の構造化 多重符号化	情報の細分化 スモールステップ 情報の統合 時間のコントロール	記憶方略の活用 長期記憶の活用 補助教材の活用	選択的注意 自己制御
授業の構成	学習（活動）の目標を明確にする（子どもを主語にして，「〜する」「〜できる」と表現する）	授業を短いユニットに分ける 学習（課題解決）のプロセスを細かく区切る 最後に授業をふりかえり，まとめる	最初に前回の授業の内容を確認する 学習の流れをパターン化する	学習の流れを明示し（板書，カード）見通しを持たせる 学習の自己評価をさせ，シールなどのトークンシステムを採用する
学習形態，学習環境，学習のルール	音声情報, 視空間情報, 触覚など多感覚を利用する 作業の手順を図式化するなど，視覚的に提示する	考える時間や問題解決の時間を十分にとる 課題の量を子どもに応じて調整する	漢字や九九など，子どもが分からないとき，すぐに参照できるカードなどを準備する	ペア・グループで活動する 学習のルール（支援が必要なとき，話すとき，聞くとき，姿勢など）をあらかじめ決める
指示の出し方，発問や説明の仕方	大切な指示は文字で示す 「教科書の○ページ」のように，説明に対応する箇所を板書するなどして明示する	短い言葉で簡潔に指示する 指示や発問を繰り返す 発問を選択式にする 「要点を3つ話します」のように聞きやすい工夫をする 指示代名詞は使わない	あらかじめ話の要点や関連する事例をあげる	注目させてから（「はい，聞きましょう」）指示を出す 子どもに指示や話の内容を復唱させるなどして，理解度のモニタリングを促す 全体指示の後，必要な子どもに個別に指示をする 活動の途中，こまめに声をかける
教材・教具	絵やイラストなどの視空間的情報を使い説明する 考え方が分かるようなワークシートを準備する	ワークシートを活用し，授業のユニットごとに，目標とする活動に子どもが専念できるようにする	よく知っている事例や具体物を使い，説明する ワークシートで類似した問題を解かせる	必要な教材以外は，机の中に片付ける
板書の工夫，ノート指導	発音の似ていることばや聞き誤りやすいことばを板書する マス目や線を利用して文字や数字の位置を見分けられるようにする	話を聞くときと書くときは時間を分ける ノートをとる箇所は，「ノート」と書いたカードを示す	板書の仕方やノートの取り方をパターン化する	色チョークや色ペンを効果的に用いる（大事なところ，キーワードに線を引く，漢字の偏やくくり，部首を色分けするなど）
子どもの発表・作文	子どもの発表後，教師がそのポイントを整理する	教師が子どもの発表を適宜，区切り，リヴォイシング（再声化）を行う ワークシートを活用し，子どもが文章を補い，作文を完成させる	教師が子どもの発表を教材や分かりやすい事例と対応づける よく知っているテーマや経験した出来事を取り上げる	発表の仕方のルールを決めて，カード等に明示する 作文の手がかりを書いたカードを利用するよう促す（「いつ」「だれが」「どこで」などの5W1H，「はじめに」「つぎに」などの接続詞）

注）上表はチェックリストになっている。そのままコピーし，授業観察等の際，各方略の左空欄にその方略が利用されているか，✓を入れ，その後検討を行う。

第I部　支援の理論

　第2に，たくさんの情報を子どもが受け取ると「脳への情報の入り口」であるワーキングメモリがいっぱいになり，あふれてしまう。そこで，「情報の最適化」を行う。課題を細かいステップに区切ったり，指示を短くしたりする（スモールステップ）。同時に，課題を細かいステップに区切ると，子どもは，個々のステップを何のためにしているのか忘れてしまうので，適宜，分かったことをまとめる（情報の統合）。さらに，課題にかかる時間に合わせて，設定する時間を調節する（時間のコントロール）。

　第3に，ワーキングメモリに情報を保持しやすくする方略や道具を用いることである（記憶のサポート）。例えば，音声情報をリハーサルすると覚えやすくなる（記憶方略の活用）また，前回の授業内容を振り返り，既習の知識を新しい学習内容と関連づけると，新しい学習内容の情報を覚えやすくなる（長期記憶の活用）。さらに，九九表などのカードやIT機器などを活用する（補助教材の活用）。

　最後に，「選択的注意」は，学ぶべきことに子どもの注意を向けやすくすることである。例えば，「はい，聞きましょう」など，いったん，子どもの注意を集めてから，指示を出すなどである。また，「自己制御」は，子ども自身に自らの学習の理解度や進度をモニタリングさせ，メタ認知の活用を促し，困ったときに自分で対応できるように支援していくことである。

5　アセスメントに基づいた支援計画の作成

（1）ワーキングメモリのアセスメント

　「読み書きが困難である」といった場合，その原因は様々である。1）言語性ワーキングメモリに問題がある，2）視空間性ワーキングメモリに問題がある，3）ワーキングメモリに問題はないが，ADHDの傾向があるため，注意のコントロールが苦手である，4）ワーキングメモリに問題はないが，ASDの傾向があるため，知覚や認知の偏りがある，5）ワーキングメモリに問題はないが，家庭環境の影響で，気持ちが不安定である。こうした原因を特定し，原因に応じた支援を行わなければ，支援の効果は期待できない。

1）～5）の原因は，「読み書きが困難である」という現象を見ただけでは，区別することができない。ワーキングメモリのアセスメントを行い，その子どものワーキングメモリの力を検査し，さらにその子どもの発達の特性，家庭や生活の状況を把握する必要がある。

ワーキングメモリは，WISC-Ⅳを実施し，ワーキングメモリ指標を見ると，分かる。ただし，WISC-Ⅳのワーキングメモリ指標は，言語的短期記憶と言語性ワーキングメモリを合成したものであり，また，WISC-Ⅳでは視空間領域を調べることはできない。

筆者は，以下のウェブサイトで，教師や子どもの支援者にワーキングメモリのアセスメントを無料で行うツールを公開している。

http://home.hiroshima-u.ac.jp/hama8/assessment.html

（2）支援計画の作成のための子どもの分類

支援計画の作成のための流れ図を図1-5に示す。まず，「学習の遅れ・問題の有無」が焦点となる。「有」の場合，次に，「ワーキングメモリの弱さの有無」をアセスメントによって調べる。これも「有」の場合，ワーキングメモリのどこに弱

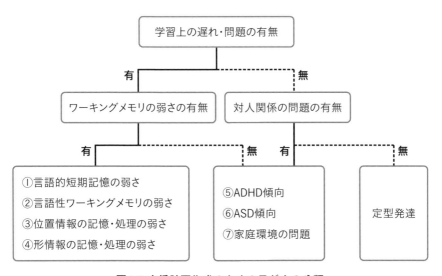

図1-5 支援計画作成のための子どもの分類

さ・問題があるかである。①言語的短期記憶（short-term memory, STM）の弱さ，②言語性ワーキングメモリの弱さ，③位置情報の記憶・処理の弱さ，④形情報の記憶・処理の弱さが考えられる。それぞれの弱さによって，その子どもの抱える学習の遅れや問題の内容が異なることが予想され，また支援の仕方も異なってくる。具体的な内容は，湯澤・湯澤（2017）を参照していただきたい。

　「学習の遅れ・問題」があって，「ワーキングメモリの弱さ」がない場合，だいたい以下のケースである。⑤ADHD傾向を抱えていることが原因で学習の遅れ・問題が生じている。⑥ASD傾向を抱えていることが原因で学習の遅れ・問題が生じている。⑦家庭環境の問題の影響を受けて，学習の遅れ・問題が生じている。

　また，「学習の遅れ・問題」がなく，かつ「ワーキングメモリの弱さ」がない子どもが対人関係の問題を抱えているケースがある。本書のテーマは，「知的発達の支援」であるため，そのようなケースは，取り扱わないが，対人関係の問題の原因としては，前述と同様，⑤ADHD傾向，⑥ASD傾向，⑦家庭環境の問題が考えられる。

　以上のような原因を特定したうえで，子どもに対する支援計画を作成する。支援計画の作成においては，本書の第2章以降，湯澤・湯澤（2017），湯澤ほか（2013）を参照していただきたい。

【文　献】

小貫　悟．（2013）．通常の学級における授業改善：すべての子にわかる授業の構成．*LD研究*，22, 132-140.

Friedman, N. P., Miyake, A., Corley, R. P., Young, S. E., DeFries, J. C., & Hewitt, J. K. (2006). Not all executive functions are related to intelligence. *Psychological Science*, 17, 172-179.

Gathercole, S. E., & Alloway, T, P. (2009) ワーキングメモリと学習指導：教師のための実践ガイドブック（湯澤正通・湯澤美紀，訳）．京都：北大路書房．(Gathercole, S. E., & Alloway, T, P. (2008). *Working memory and learning: A practical guide for teachers*. London: Sage.)

Pickering, S. J., & Gathercole, S. E. (2004). Distinctive working memory profiles in children with special educational needs. *Educational Psychology*, 24, 393-408.

齊藤　智・三宅　晶．（2014）．実行機能の概念と最近の研究動向ワーキングメモリ理論とその教育的応用．湯澤正通・湯澤美紀（編著），ワーキングメモリと教育（pp.27-46）．京都：

北大路書房.

上嶋　惠.（2008）. *教室でできる特別支援教育：1分間集中トレーニング*. 東京：学陽書房.

湯澤美紀・河村　暁・湯澤正通.（2013）. *ワーキングメモリと特別な支援：一人ひとりの学習のニーズに応える*. 京都：北大路書房.

湯澤正通・湯澤美紀（編著）.（2014）. *ワーキングメモリと教育*. 京都：北大路書房.

湯澤正通・湯澤美紀.（2017）. *ワーキングメモリを生かす効果的な学習支援：学習困難な子どもの指導方法がわかる！*. 東京：学研プラス.

第I部　支援の理論

第2章　知的発達のアセスメント

水田めくみ

1　はじめに

　発達障害は発達期早期，また小中学校入学前に明らかとなり，個人的，社会的，学業，または職業における機能障害を引き起こす発達の遅れや偏りである（高橋，2015）。全般的な精神機能の遅れによって特徴づけられる知的発達障害が知られるが，近年，知的発達障害がないにもかかわらず学習面や行動面に著しい困難を示す児童生徒が増えており，文部科学省初等教育局特別支援教育課の調査（2012）では6.5％に上るとされる。特定の学習に困難を示す学習障害（LD）や注意力，多動・衝動性の制御に困難を示す注意欠如多動性障害（ADHD），社会性・対人的相互コミュニケーションの障害，こだわりを主症状とする自閉症スペクトラム障害（ASD）などがある。乳幼児期から青年期・成人期にわたり，発達課題や発達の概要をおさえるために，客観的な実態把握に基づいたアセスメントが重要となる。その方法として，生育歴・教育歴などの情報収集，行動観察，心理アセスメント，学力アセスメント，行動・社会性のアセスメントなどがある。本章では，知的発達の状態や読み・書き・計算などの学業的技能のアセスメントについて述べる。

2　知的発達や学業的技能のアセスメントに用いる検査

　学齢期の子どもの教育現場で生じる困難の背景要因を捉え，その後の支援につなげるためには，知的発達の水準が同年齢の子どもたちに比してどの位置にあるかという相対的な「個人間差」を見ることはもちろん，個人の強い能力と弱い能力の「個人間差」を把握することが重要となる。個々に併せ持っている

行動特性が，対人コミュニケーションの問題や就学を機に顕在化する学業的技能の獲得困難に影響することもあるため，検査場面の行動観察は必須である。

（1）WISC-IV（Wechsler Intelligence Scale for Children-Forth Edition：ウェクスラー児童用知能検査第4版）

　5歳0カ月から16歳11カ月の子どもの知能を測定する包括的な個別式検査である。「言語理解指標（VCI）」「知覚推理指標（PRI）」「ワーキングメモリー指標（WMI）」「処理速度指標（PSI）」の4つの合成得点とともに，子どもの全般的な知能を表す合成得点「全検査IQ（FSIQ）」を算出できる。下位検査には，4つの指標それぞれを構成する10の基本検査と5つの補助検査がある。また，下位検査評価点と合成得点（全検査IQと指標得点）に加え，7つのプロセス得点も算出できる（日本版WISC-IV刊行委員会，2010；Aurelio Prifitera et al.，2005）。

（2）日本版 KABC-II（Kaufman Assessment Battery for Children Second Edition）

　2歳6か月から18歳11か月の子どもの認知処理能力・習得度（日本版）を測定する個別式検査である。ルリア（Luria, A. R.）の神経心理学理論を背景にしたカウフマンモデル（認知尺度と日本版にのみ存在する習得尺度という枠組み）を採用し，就学前から高校までの年齢段階で教育場面や神経心理学的アセスメントに役立つように作成されている。カウフマンモデルは4つの認知尺度（継次尺度，同時尺度，計画尺度，学習尺度），4つの習得尺度（語彙尺度，読み尺度，書き尺度，算数尺度）の計8尺度からなる。これにより，認知指標と習得指標，認知指標と語彙・読み・書き・算数（数的推論・計算）の標準得点との比較がすべて可能となり，LDが疑われる子どもの学力アセスメントにも有用である。また，一方で心理測定学の理論に基づいたCHC理論（キャッテル‐ホーン‐キャロル（Cattell-Horn-Carroll）の3段階の階層理論：一般能力，広域的能力，限定的能力）による解釈も可能である（日本版KABC-II制作委員会，2013；竹田，2012）

（3）日本版 DN-CAS（Das-Naglieri Cognitive Assessment System）

　5歳0か月から17歳11か月の児童・生徒を対象とし，PASS理論に基づいた

プランニング（Planning），注意（Attention），同時処理（Simultaneous），継次処理（Successive）4つの認知機能を測定する検査である。12の下位検査からなる「標準検査（所要時間約60分）」と8つの下位検査からなる「簡易検査（所要時間約40分）」を実施する方法がある。かな文字・数字の読みを要する課題が含まれるため，文字読みの獲得に困難をもつ子どもへの実施は注意を要する。しかし，計算など学習の成果にかかわる検査を含まないため，文字・数字が分かることを条件に学習に遅れがある子どもでも知能水準の実態を適切に把握することができる（前川，2007；小海，2015）。

（4）学齢版言語・コミュニケーション発達スケール（LC scale for School-Age children：LCSA）

小学1年生から4年生までの児童の言語スキルを評価し，言語・コミュニケーション面で支援を要するかを客観的に判断した後，指導方針の設定にも役立てることができる。言語理解，言語表出，コミュニケーションの視点をもち「文や文章の聴理解」，「語彙や定型句の知識」，「発話表現」，「柔軟性」，「リテラシー（書記表現に関するスキル）」の5領域の課題で成る。10の下位検査成績を統合したLCSA指数を総合的な指標とするが，「音読」，「文章の読解」，「音韻意識」の3つの下位検査成績を統合した「リテラシー指数」を別に設けており，個人の言語能力と読み能力の関連も検討できる（大伴，2012）。

（5）学業的技能の評価

読み・書き・計算などの学業的技能の獲得・定着は，就学直後から教科学習に深くかかわる。これらのつまずきは，客観的な評価指標に基づいてできる限り早期に発見され，個々の状態に合わせた集団での合理的配慮や個別支援の開始が望まれる。

①特異的発達障害　診断・治療のための実践ガイドライン（稲垣，2010）

LDの中核症状である発達性読み書き障害（発達性ディスレクシア）などの読みの困難を客観的に測定できる。単音連続読み検査（50のひらがな単音を順に読む），単語速読検査（30語ずつ並ぶひらがなの有意味語・無意味語を順に読む），単文音読検査（ルビのついた漢字交じりの単文を音読する）があり，課題ごとに音読速度と読み誤りを記録し，年齢基準に照らして読みの流暢性・正

確性を評価する。また、計算習得の困難・算数的推論の困難について評価する指標として、学年ごとに、数字の読み、数的事実の知識（10までの数の分解・1桁、2桁の加減乗除算）、筆算手続きの知識（1桁、2桁の加減乗除の筆算）を10〜12問ずつ実施し、計算速度と誤りを年齢基準に照らして計算の定着と正確性を評価する。読み課題、計算課題ともに小学1〜6年生の基準値がある。

②改訂版 標準読み書きスクリーニング検査（STRAW-R）

　読みの流暢性（小学1年〜高校3年生）と、読み書きの正確性（小学1年はひらがなのみ、小学2〜6年はひらがな・カタカナ・漢字、中学生は漢字）を評価でき、漢字については個々の音読年齢を算出できる（宇野、2017）。

3　アセスメントの実際

　ここでは、保護者の主訴に学習場面での困難を含む事例を挙げ、解説する。

(1) 事例A（男児）小学2年生、利き手：右

　生育歴：周産期、乳幼児健診に特に問題なし（始歩1歳0か月、始語1歳1か月、二語文1歳6か月）。1歳から保育所に通い保育士に「着替えや食事の途中で手が止まりぼんやりしている。そばで声をかけながらだと皆と一緒にやれる」と言われた。就学後家で宿題を仕上げられないことが増え、小学1年の終わりに受診した医療機関でADHD（不注意優勢型）の診断を受けた。

　保護者の訴え：繰り返し読む・書く練習や問題がたくさん並んでいる計算ドリルをやり終えられないので宿題は隣についてやらせているが、目を離すと手が止まり、好きな本を読み始める。教科書の音読は文章の始めと終わりだけ読む・計算は適当に答えを書くなどして、とにかく急いで終わらせる。

　担任からの情報：授業は積極的に発言し、内容理解や学力に問題はないと感じている。テストでは問題のやり忘れやケアレスミスで満点をとることはない。

　友達関係は良好で、休み時間には複数の友達と絵を描いたりクイズを出し合ったりして過ごす。板書や連絡帳の書き写しに取りかかれない時、友達が促すと書き始め、本人も友達に電話をして連絡帳の内容を確認するなど、良好なコミュニケーションで乗り切っている。

第Ⅰ部　支援の理論

<u>検査情報①WISC-Ⅳ／小学1年時に実施（図2-1）</u>：FSIQは102～113で平均から平均の上の範囲にあったが，指標得点間に有意差を認めたためFSIQの解釈は慎重に行う必要がある。ワーキングメモリー指標に比して処理速度指標が有意に低く，視覚刺激を速く正確に処理する力，注意・動機づけ，視覚的短期記憶，筆記技能，視覚 - 運動協応のいずれかが弱いと推定された。下位検査の中では，「理解」が有意に高く，言語理解力，言語表現力，常識的な因果の理解，社会規範の理解の強さが推定された。

検査時の様子から，「数唱（逆唱）」や「語音整列」等一問一答形式の課題では難度が増すと張り切る様子がみられる一方，「符号」実施途中に検査者に好きな食べ物を質問し手が止まることがあった。一定時間内に自分で注意力や集中力を維持しながら課題を完遂することの困難がうかがえた。

<u>検査情報②KABC-Ⅱ／小学1年3学期に実施（図2-2）</u>：習得度尺度は100～108で平均の範囲にある。しかし，習得度尺度間には，Aの個人内差として「算数」の有意な低下が認められた。「計算」の速度は速いが，繰り下がりのある引き算で「書かなくてもできる」と暗算した時や，長い文の教示（「数的推論」）で情報量が増えると混乱することがあった。下位検査の「理解語彙」は個人間差，個人内差の両方から強い能力が発揮でき，その他下位検査すべてで

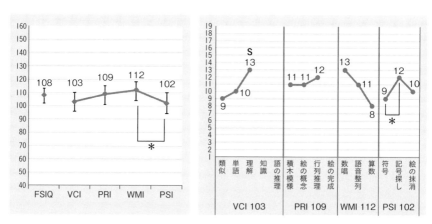

図2-1　事例A：WISC-Ⅳ指標得点プロフィール（左）と下位検査評価点プロフィール（右）
＊15％有意水準にて有意差あり
S（Strength）：個人内差の判定で，強い能力（15％有意水準）

知的発達のアセスメント 第2章

年齢基準から外れて苦手なものはなかった。ただし，「ことばの書き」では，形をすぐに思い出せないカタカナがあり，文字の形や濁点，特殊音節を考えながら書く過程で時間がかかることにイライラする様子が観察された。

<u>検査情報③DN-CAS／小学2年生時に実施（図2-3）</u>：全検査の標準得点は94〜104で平均の範囲にあった。しかし，各PASS標準得点の比較では，「同時処理・継次処理」の標準得点が平均から平均の上にあるのに比して「プランニング・注意」の標準得点に有意な低下がみられた。たくさんの刺激から必要な情報とそうでない情報を区別し選択的に注意を向ける能力や認知活動をまとめ上げる力，自己統制を実際に実行する力に認知的な弱さがあると考えられた。下位検査比較では，「図形の推理・関係の理解」の高さに比して「図形の記憶」に有意な低下が認められた。

以上のことから，Aの知的能力や学力は低くないにもかかわらず，書字活動や宿題の遂行に困難がある。一般的に，書字の困難には「読みの困難」「図形などの視覚情報処理」「手と目の協調運動など感覚・運動」の能力がかかわるとされるが，検査情報，日常の様子からAにはそれらの弱さは認められなかった。よって，Aの学習面の困難の背景には，「プランニング」と「注意（覚醒）」の弱さが影響していると考えた。つまり，ADHDの行動特性により労力のかかる

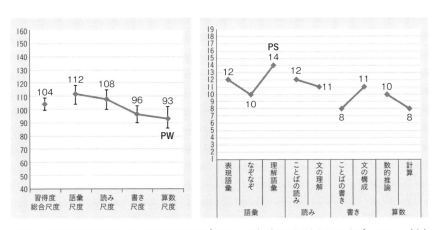

図2-2　事例A：KABC-Ⅱ習得尺度標準得点プロフィール（左）と習得検査評価点プロフィール（右）
PS（Personal Strength）：個人内差の判定で,強い尺度・下位検査（5%有意水準）
PW（Personal Weakness）：個人内差の判定で,弱い尺度・下位検査（5%有意水準）

学習，精神的努力が必要な繰り返し練習を避けたがる傾向が強まっており，二次的に学習上に問題を引き起こしていると考えた。

　問題数の多いプリントや宿題は数問ずつ切り取って渡したり分割して取り組ませたりし，Aの集中力に合わせ課題量や学習時間を調整した。その上で課題にかかった時間や正答数を記録し，効率よく正確に取り組めている状態を具体的に言葉でほめ，Aに小まめにフィードバックした。また，漢字書字や音読の繰り返し練習をやめ，「漢字のパーツクイズ」や「文章読解プリント」へと変更し，Aの得意な語彙力・推理力を活用できる学習を通して読みスキルの習熟や書字方略の獲得，Aの知的発達に見合った成果の発揮をめざした。

（２）事例Ｂ（女児）小学２年生，利き手：右

　生育歴：周産期，乳幼児健診に特に問題なし（始語1歳0か月，二語文1歳5か月）。幼稚園で絵本を読んでもらうのが好きだったが年長になっても自分で文字を読もうとせず，入学前に母親が名前を書く練習をさせようとするととても嫌がった。今まで大きな病気はなく，聴力検査や視力の問題はない。

　保護者の訴え：国語の読み取り問題や算数の文章題が一人でできない。宿題

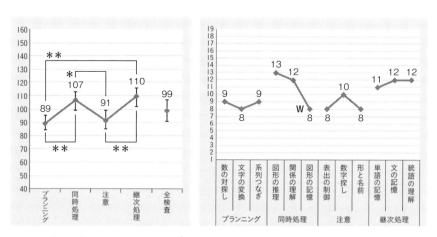

図2-3　事例Ａ：DN-CAS標準得点プロフィール（左）と下位検査の評価点プロフィール（右）
＊…10%有意水準にて有意差あり
＊＊…5%有意水準にて有意差あり
Ｗ（Weakness）：個人内差の判定で，弱い能力（15%有意水準）

知的発達のアセスメント　第2章

の漢字を毎日書いて練習しているが，2年になり習う漢字が増え，ますます覚えられない。学校で友達に会えるのを楽しみに登校しているが，勉強が心配。

担任からの情報：授業中は話をよく聞いて発言もあり，内容は理解できていると思う。計算テストはいつもよくできるが，国語のテストは60〜70点台。答えは正しくても小さな"っ"が抜けたり拗音を含むことばを書き誤ったりして減点になる。前日に練習をしている漢字の10問テストも満点にならない。音読は何度か練習すると上手になるが，最初は読みつまりや読み直しが多い印象がある。友達とのトラブルはなく，休み時間は運動場で活発に遊んでいる。

検査情報①WISC-Ⅳ／小学2年2学期に実施（図2-4）：FSIQは97〜107で平均の範囲にあったが，指標得点間に有意差を認めたためFSIQの解釈は慎重に行う必要がある。言語理解指標，知覚推理指標，処理速度指標に比してワーキングメモリー指標が有意に低く，聴覚的ワーキングメモリー，注意集中のいずれかの弱さが推定された。また，言語理解指標に比して処理速度指標が有意に低く，視覚刺激を速く正確に処理する力，注意・動機づけ，視覚的短期記憶，筆記技能，視覚‐運動協応のいずれかに弱さがあると推定された。下位検査の中では「語音整列」が有意に低く，聴覚的ワーキングメモリー，注意・集中，継次処理のいずれかに弱さがあると推定された。

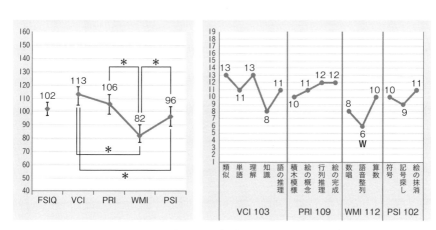

図2-4　事例B：WISC-Ⅳ指標得点プロフィール（左）と下位検査の評価点プロフィール

＊15％有意水準にて有意差あり
W（Weakness）：個人内差として下位検査間における弱い能力（5％有意水準）

第Ⅰ部　支援の理論

　検査には最後まで集中して取り組め，多動や不注意は認められなかった。検査者が教示を言った直後に聞き返したり，「語音整列」で，かなの順番を考えているうちに問題を忘れたりし，聴覚的ワーキングメモリーの弱さがうかがえた。

　検査情報②LCSA／小学2年2学期に実施（図2-5）：LCSA指数は91で平均範囲にあったが，リテラシー測定にかかわる「音読」「音韻意識」の低下がみられた。仮名読み（文字形態と音の一致：デコーディング）の獲得にかかわる音韻意識の弱さが背景にあり，実際の音読も困難を呈していると裏付けられた。Bの言語能力や語彙知識の豊富さを活かせる題材で，口頭質問－口頭回答であれば，「文章の読解」で平均的な読解力を発揮できることも分かった。

　検査情報③各種読み検査／小学2年2学期に実施（表2-1）：客観的指標において，読みの正確性・流暢性の困難が明らかと言えた。カタカナは読めないものが多く文字と読みの一致が進んでいなかった。ひらがな・カタカナ・漢字ともに読みの定着・習熟に時間がかかっており，書字成績も低下が認められた。

　以上のことから，Bは知的能力・言語能力に見合わない読みの困難を呈しており，背景に音韻認識や聴覚的ワーキングメモリーの弱さ，無意味刺激の聴覚的短期記憶，視覚刺激の弱さがあると考えられた。

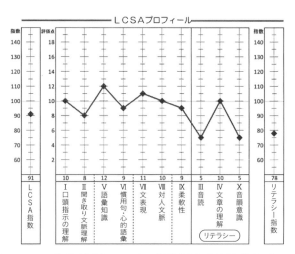

図2-5　事例B：LCSA指数（左）とリテラシー指数（右），各下位検査プロフィール（中央）

知的発達のアセスメント　第2章

表2-1　事例B：読み書き検査の結果

検査名		速度(秒)	評価	誤数(個)	評価
読み	単音連続読み	53	遅い	9	多い
	単語速読(有意味語)	62	遅い	2	多い
	単語速読(無意味語)	93	遅い	4	多い
	単文音読	32	遅い	2	多い
	STRAWカタカナ	—	—	5	多い
	STRAW漢字	—	—	6	やや多い
書き	STRAWひらがな	—	—	3	多い
	STRAWカタカナ	—	—	10	やや多い
	STRAW漢字	—	—	11	多い

速度の評価の「遅い」：基準値+2SD以上,
誤数の評価の「多い」：基準値+2SD以上,「やや多い」：基準値+1.5SD～+2SD

　通常学級での授業は，教科内容の理解や新たな知識の獲得に専念できるよう，板書内容をプリントでもらう，ルビ付き漢字の教科書を使用する，新しい領域に入る前に文章音声化ソフトを使って内容を理解させておく等，積極的に読み書きを代替する合理的配慮を提案した。個別の場ではBの読み書きの状態に合わせた読み指導（特殊音節・拗音を含む語の表記ルールと読みの整理，初見の短い文を意味を考えながら読みこなす練習など）を行うことになった。

4　まとめ

　検査は，現状の評価や個別の指導計画立案にいたる評定プロセスで利用する道具の1つであり，検査から得られる情報は一定の客観性を保ちながらも一人の子どもの一側面を切り取ってみているに過ぎない。専門家はまず，子どもを取りまく家庭や学校からの情報，検査場面で観察される子どもの行動，検査場面での検査者とのやりとりの様子，複数の検査に裏付けられた共通の特徴など，様々な文脈の中で検査結果を「解釈」していく必要がある。また，検査結果から子どもの苦手な領域，弱い能力ばかりを探すのではなく，支援に活用できる

第Ⅰ部　支援の理論

　強い能力や，自然に使えている有効な方略などを見逃さず，日常生活・学習場面においても引き続き伸ばしながら活用すべき事項として必ず報告したい。

【文　献】

American Psychiatric Association. (2014). *DSM-5精神疾患の診断・統計マニュアル*（高橋三郎・大野　裕，監訳）．東京：医学書院．

Prifitera, A., Saklofske, D. H., & Weiss, L. G. (2012). *WISC-Ⅳの臨床的利用と解釈*（上野一彦,監訳）．東京：日本文化科学社．(Prifitera, A., Saklofske, D. H., & Weiss, L. G. (2005). *WISC-IV Clinical Use and Interpretation, Scientist-Practitioner Perspectives.* New York: Elsevier.

Kaufman, A. S. & Kaufman, N. L. (2013). *日本版KABC-Ⅱマニュアル*（日本版KABC-Ⅱ制作委員会,訳,編）．東京：丸善出版．

竹田契一・上野一彦・花熊　暁（監修），一般財団法人特別支援教育士資格認定協会（編）．(2018)．*S. E. N. S.養成セミナー特別支援教育の理論と実践第3版．*東京：金剛出版

Naglieri, J. A., Das, J. P. (2007). *日本版DN-CAS認知評価システム：理論と解釈のためのハンドブック*（前川久男・中山　健・岡崎慎治，訳）．東京：日本文化科学社）．(Naglieri, J. A., Das, J. P. (1997). *DAS-NAGLIERI Cognitive Assessment System.* Illinois: The Riverside Publishing Company.)

小海宏之．(2015)．*神経心理学的アセスメント・ハンドブック．*東京：金剛出版．

大伴　潔・林安紀子・橋本創一・池田一成・菅野　敦．(2012)．*学齢版 言語・コミュニケーション発達スケール施行マニュアル．*東京：学苑社．

稲垣真澄．(2010)．*特異的発達障害：診断・治療のための実践ガイドライン．*東京：診断と治療社．

宇野　彰・春原則子・金子真人・Wydell, T. N.（2017）．*改訂版 標準読み書きスクリーニング検査．*東京：インテルナ出版．

第Ⅱ部

領域別の
支援の方法

第Ⅱ部　領域別の支援の方法

第3章 | 国語の支援

山田　充

1 国語の学習に必要な能力

（1）対象となる子ども達の状態について

　学習の困難があり，学習支援を必要としている子どもたちは，知的に遅れが
ある子どもたちから，知的に高い子どもたちまで，その状態によって支援を必
要とする子どもたちがいる。国語の困難の要因が，知的な遅れによるものなの
か，知的な遅れは見られないものの，何らかの認知能力や，行動の特性に関わ
るものなのかによって，支援方法が違う。今回は，知的にボーダー領域から，知
的に平均領域の子どもたちを対象としている。それは，知的な状態によって，
学習の困難の中身が違い，支援方針が違うからである。

（2）国語の学習に必要な能力について

　国語の学習，聞いたり話したり，読んだり書いたり，内容理解や表現に関わ
るのに必要な能力には，次のようなものがある。

・言葉の理解に関わる能力。

・継次処理と同時処理という能力。

・視覚認知能力や視機能などの見ることに関する能力。

・聴覚認知や聴覚弁別などの聞くことに関する能力。

・視覚や聴覚に関わるワーキングメモリ，記憶に関わる能力。

・音韻意識という音の単位に関する感度や認識に関する能力。

・呼称速度，音と文字との変換速度に関わる能力。

国語の支援 　第3章

・目と手の協応能力など，手指などの巧緻性に関わる能力。

・注意の集中に関わる能力。

　これらの能力が，聞くこと，話すこと，読むこと，書くこと，つまり教科書の音読の難しさや，ひらがなやカタカナを覚えることの難しさ，漢字の読み書きの難しさ，内容の読解の難しさや，作文を書くことの難しさに何らかの要因として上げられる。次項で，それぞれの国語の困難の要因と項目ごとの能力の関連と，それに沿った具体的支援の方法について紹介する。

2 　国語の領域に沿った困難の要因と具体的支援

（1）聞くこと

　「聞くこと」の困難には，いくつかの状態がある。聴力的な弱さはないのに聞き取る能力が弱いという場合，音韻認識が弱い，聴覚的弁別が難しい，聴覚図と地の弁別が難しいというような内容を示している事が多い。

　音韻認識（意識）とは，音の単位への感度と認識を示し，文字を音の単位として，認識できるかどうかということをさし，この音韻認識が弱いと特殊音節などの習得に困難があらわれることが多い。支援方法としては，モーラを基準として言葉の音の数を数える練習をしたり，特定の音を指定して削除して読んだりするような練習を行うとともに，しりとり遊びなども有効である。

　聴覚弁別が難しいとは，よく似た音を聞き分けることが難しい状態などをさし，カ行とタ行の聞き分けが難しかったり，「ちゃ・ちゅ・ちょ」などの聞き分けが難しかったりする。聴覚弁別が難しい子どもの中に，その音の発音が上手くできない子どもも多い。支援方法としては，発音指導から，正しい音が出せるようにすることから始める。正しい音が出せるようになると，その音の聞き分けができるようになるという事例もある。

　聴覚図と地の弁別とは，耳に入ってくる様々な音を必要な音と，必要でない音とに区別して聞き分ける能力をさし，うるさいクラスでは，聞き取りにくくなりやすいなどの状態をさす。支援方法としては，除去できない音については，

31

イヤマフなどで，音量を小さくして聞き取りやすくする方法や，学校では，クラスでの席の配置を前にして，先生の話が大きな音量で聞こえる位置にすること等も有効である。

「聞くこと」の困難が聞く集中力が弱いことから起こる場合もある。この場合は，聞く集中力をつけるトレーニングが必要となる。例えば，質問することを予告してから，読み聞かせをしてその後に質問に答えさせたりする方法がある。

（2）話すこと

「話すこと」の困難には，正しい発音ができないことから上手く話せないという状態になっている場合は，発音指導が必要である。

上手く話せない場合に，順序立てて話すことが難しかったり，相手との会話で適切な言葉を使って話すことが難しかったり，会話のキャッチボールが難しかったりするなどの状態がある。会話などで，上手く話せるようになるためには，話したいという欲求があることが必要であり，この話したいという状況をどう作ってトレーニングするかということが大切である。また，いきなり上手く話すことを求めるのではなく，どう話すかを考えてから話す習慣をつけるようにしなければならない。支援方法として，「お話サイコロ」という教材がある。一辺が5cmから10cm程度の立方体をつくり，その一面一面に，お話のテーマを書いておく。それを順番に振って，出た目のお題を振った人が話す。聞いているものがそれに沿って質問する。それに答える。これを複数人で順番に行っていく。話す人，質問する人の立場が順番に変わっていく。このお話をする際に，主語述語をきちんと入れて話すなどルールを参加する子どもの状態に応じて付加し，指導の効果がより得やすいというように作っていく必要がある。子どもと一対一の指導の場合は，指導者も一緒

図3-1 「お話サイコロ」

にして話す人，質問する人の両方の役割を子どもにさせられるようにしていくことが必要である。

また，なかなか上手く話せない子どもたちには，授業の中や活動の中でモデルとなる話形を掲示するなどの方法で示し，それを見ながら実際に話す活動をしっかりさせていくことが，大切である。思いつかないことを一生懸命考えて苦手感を増やすよりも，モデルを見ながらでも，話す経験をしっかり作っていくことこそが重要である。

（3）ひらがな・カタカナの読み，書き

ひらがな・カタカナが覚えられない要因は，形が覚えられないなどの要素もあるが，ひらがな・カタカナの学習が意味の無い無意味な記号を丸覚えしなければならないということから来ていることが多い。「あ」を「a」(音)と読まなければならない必然性がなく，「そう決まっているから」としか説明できない。このような場合の支援方法として，ひらがな絵―文字カードなどを使って，文字に意味付加して覚える方法がある。例えば，図3-2の「あ」のカードを「ありの"あ"」と覚えるまで何度も唱えて覚え，全てのひらがなで素早くこのセリフが言えるようにすることで，無意味な記号であるひらがなに絵のイメージを付加して行く。全部の読み方を覚えたら，自分で全部のカードの読み方を素早く言っていき，全部でどのぐらいの時間がかかったかを記録し，1分を切ることを目標におこなう。1分を切ると定着が始まってきて，ひらがながイラストを手がかりに想起できるようになる。

またひらがなの形がなかなか上手く書けない子どもには，十字罫線の入った大きな紙に墨で，お手本の字を書いたものを用意し，それを指で10回なぞる。これを一週間継続して実施し，一週間後に同じ大きさの紙に指で書く，鉛筆で

図3-2　ひらがな絵―文字カード

書くという手順で定着をはかる。そして書く文字を4分の1さらに4分の1というように小さくして練習していく。大きなお手本をなぞるときには，指先の微細運動ではなく，大きく腕をふることになるため，粗大運動という別の回路を使って形を認識していることになり，文字の形の習得には有効である。カタカナも同様の方法を使って支援することができる。この方法は，ひらがなの形の習得が難しい子ども達だけでなく，1年生の通常の学級で，ひらがな指導をする際にクラスの一斉指導で利用しているところもある。

（4）漢字の読み，書き

　漢字を覚えるためには，「形」「読み」「意味」の三つを三位一体で覚えていかなければならない。どれか一つが欠けただけでも，漢字を覚えて使える状態とはならない。この三つのいずれかが欠ける要素として次のようなものがある。形を認識する力が弱い，細部の認識が弱い，音韻認識が弱い，一つの漢字に複数の読みがあることが捉えにくい，送り仮名の理解が弱い，漢字のイメージ化が弱い，意味の理解が弱い，などがある。漢字のテストの誤り分析などで，なぜどのように間違ったかを考えていくことが大事であるが，可能性のある要因は，省略せずに考慮し支援することが大切である。漢字の教材や支援方法には，さまざまなものが出ているために自分が指導しようとしている子どもの状態に対応できる教材を選んできてくることが必要である。具体的な支援方法としては，漢字を絵かき歌のようにして覚える方法，部首などでまとめて覚える方法（"氵"の仲間の漢字を集めて水に関わるまとまりとして覚えていくなど），同じ仲間の漢字で意味のまとまりで覚える方法（花の名前をまとめて覚えていくなど），漢字を自分が理解できるパーツに分けて覚えていく方法（『朝』を『十日十月』と覚えるなど），漢字をイラストなどと結びつ

図3-3　十字罫線の入った紙に墨で書いたお手本

けて覚えていく方法等がある。漢字をイラストで覚えていく方法は，図3-4のような漢字絵カードの下半分の漢字を隠して，イラストを手がかりに漢字を当てていく。1年の漢字なら80字あるが，全部が当てられるまで，80字を何度もクイズのように取り組んでいく。何度も繰り返すことによってイラストと漢字のイメージがつながり，習得の手がかりになる。全部当てることができたら，今度はイラストを見て漢字を書いていく。すでに何という漢字かはわかっているので，形を思い出す作業になる。書かずに隠れた漢字を当てることを何度も繰り返す中で，イラストと一緒に漢字の形も見ているので書くときも思い出しやすい。これを全部書けるまで，一日一回程度繰り返していくことで漢字を習得する。このような方法も含めて，支援する子どもの漢字の誤りの要因に沿った教材を選んでいくことが望ましい。

クラスで漢字を一斉指導する際に，ひらがなの項目で紹介した大きな紙に墨で文字を書く方法を応用し，墨で大きく書いた漢字を全員に配って指導する方法も有効である。漢字の細部が見にくい子どもや，漢字の止めハネが上手くできない子どもたちに，大きく書いた文字や毛筆の字は，細部や止めハネが見やすく認識しやすい。これらの大きな文字を何度も指でなぞって形を認識していくことも，漢字習得には有効な方法である。

（5）文章の音読

音読をするためには，まず「ひらがな」「カタカナ」「漢字」が読めなければすらすら音読することができない。文中に出てくる語彙が理解できなければ，音読はできない。音読の前提として，この「ひらがな」「カタカナ」「漢字」の習得を目指さなければならない。また文中の言葉の切れ目がわかりにくく，単語の途中で切ったりして，意味が通らない読み方をしてしまうこともある。支援方法

図3-4　漢字絵カード

第Ⅱ部　領域別の支援の方法

として，文章の中から単語を探してそれを手がかりに区切り目を探す方法など
がよく紹介されている。その方法で，効果が上がることも多いが，語彙が少な
い子どもは，そもそも単語を見つけることが難しいことがよくある。そのよう
な場合，助詞や句読点を手がかりに文の切れ目を探していく方法がある。「は，
が，を，へ，に，と，の，で，も，だけ，から，まで」などの主な助詞を見つ
けて○をし，その後に／を入れる。句読点で／を入れる（図3-5）。この方法で
区切り目を探すと，語彙の習得が少なくても区切り目を探すことが可能となる。
このようにして区切り目を探した後，区切り目に沿って音読する練習は次のよ
うに行う。まず／まで黙読する。黙読後，すぐに音読する。これを／ごとに繰
り返していく。一度黙読することで，どのように読んだらよいかがイメージで
き，その後に音読するとつまらずにすらすら読むことができる。また黙読して
いる時間があるため，聞いていても分かち読みをしているように感じに聞こえ，
上手に読んでいるように聞こえる。

（6）文章の内容理解

　文章の内容理解いわゆる読解が難しい場合も，さまざまな要因が考えられる。
習得語彙が少なければ，内容理解は難しい。また，たどたどしい読みがあると，
読むことに精一杯で，脳の機能を「読むこと」にしか使えない状態となる。読
解とは，読みながら，内容について考えるという二つの作業を同時に脳で行っている状態である。たどたどしい読みの状態であれば，読みながら考えるという二つの作業を行うことは難しい。このような場合の支援方法は，前項で述べたすらすらと音読ができるようになることが必要になる。さらに文章に出てくる語彙が

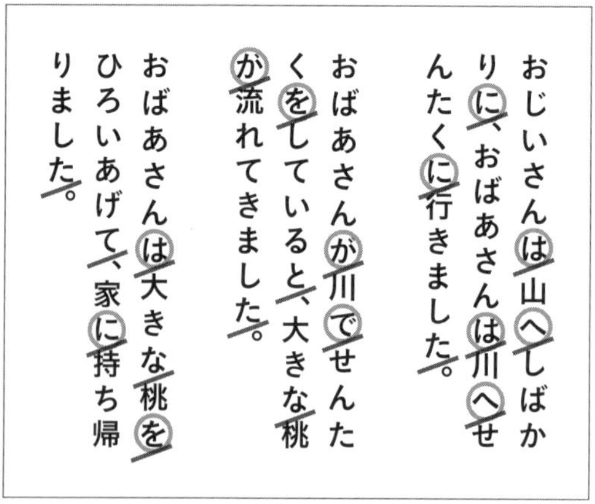

おじいさんは山へしばか
りに，おばあさんは川へせ
んたくに行きました。
おばあさんが川でせんた
くをしていると，大きな桃
が流れてきました。
おばあさんは大きな桃を
ひろいあげて，家に持ち帰
りました。

図3-5　助詞に「○」をして，その後に「／」をいれる

理解できていることも，重要である。読解は読みの総合的な課題であるため，前提となる課題ができていることが求められる。これらの課題が十分に達成できていない状態での読解についての支援方法を紹介する。先にも述べたようにたどたどしい読みでは，脳の機能を内容理解に使えないのであるから，このような場合，脳を読むことから，解放して内容を考えることに専念させる。具体的にいうと支援者が範読などして，聞くことに専念して内容について考えるという状態をつくるのである。いわゆる読み聞かせる状態である（図3-6）。さらに読解に取り組む前段で，文中に出てくる知らない単語について，理解させておくことも必要である。その際も挿し絵などを使って単語の理解をすすめるとより効果が上がる。それでもなかなか読解が難しい場合は，支援者は，まわりの子どもたちが，その文章を読んでどう感じたかなどを伝えていくことも有効な支援方法となる。また説明文と物語文で，読解の苦手さが変わる子どももいる。得意な方を手がかりに内容理解をすすめていくことも必要である。

なかなか読むことの困難さがある子どもたちには，デイジー図書の読み上げ機能を活用し，読むことの負担を軽くして内容理解に専念できるような学習の仕方も検討していくとよい。

（7）作文

作文は，書くことの総合的な課題である。ひらがな，カタカナ，漢字などが書けることが前提条件になる。さらに自分が書こうとする文章について必要な語彙を身に付けておく必要がある。さらに順序立てて書く継次処理的な能力も必要である。また文法的な事項についても理解していることが必要である。一つの短文を主語述語などに気をつけて書くことができることも必要である。作文が苦手な子どもの支援方法として，まず短文を書くところから始める取り組みを紹介する。「絵を見て文を書く」と呼んでいる方法で，最初に子どもが何かを動作をしている絵を用意する。

図3-6　読み聞かせ

その絵にヒントとなる動詞を示し，その動詞を使って絵を文に表す。例えば「男の子が歯をみがいている絵」でヒントとなる動詞が「みがく」というような絵があるとすれば，その絵を見ながら「男の子が歯をみがく。」という文を書くのである。このような色々なバージョンの絵を文で表現する練習をして，主語述語がありヒントの動詞を使った文章を書くトレーニングを繰り返す。何度か同じ絵を見て2度目の文を書くことも必要である。例えば先ほどの「歯みがき」の絵ならば2度目は「青いパジャマを着た男の子が歯をみがく。」とか「男の子が目をつむって歯をみがく。」などのように絵に書かれている情報を読み取って詳しく書いていく。このようにして，基本の文章から，形容された文章など詳しく長い文章を書いていくようにトレーニングするようにしていく。さらに進んでくると，一枚の風景などの絵や写真を見て，そこに書かれている情報を詳しく書いていく方法で，長い文章や情景を表すことをトレーニングする。このようにして長い文章を書くことに抵抗感がなくなるようにしていく。

また時系列に出来事を書くことができない場合は，書きたい事柄を思いつくままでよいので，短冊に1項目ごとに書き出していく。この時は，見出しのような感じで詳しく書く必要はない。書きたいことが短冊に書き出すことができたら，その短冊を見て，書く順番を時系列で考え，番号を振っていく。番号の順に短冊を並べ替え，一枚の短冊項目を5行から6行程度の文章に直して書いていくことで，時系列で作文を仕上げていく。

お好み焼きがあります。麺が入っています。イカも入っています。小エビも入っています。ソースと青のりもかかっています。広島のお好み焼きです。美味しそうです。早く食べたいです。

図3-7 写真を使った長い文章や情景を表すトレーニング

国語の支援 第3章

3 まとめにかえて

　国語の支援では，ここにあげた項目に関わる支援方法も大切であるが，国語の学習を支える基本的な能力にもしっかり目を向ける必要がある。それは言語理解力である。言語理解が弱い子どもたちは，必然として国語の学習は難しい。語彙量が少なかったり，言葉の意味理解が弱ければ当然である。例えば語彙の習得が当該年齢の水準よりも低ければ，意図的に語彙量を増やしていくような取り組みが必要である。言葉の意味もしっかり理解してるのかを見ていく必要がある。国語の学習の中では，なかなかそこまで，手立てを講じることは難しい。発達検査や心理検査等も活用し，国語の支援が必要な子どもの言語理解やその他の認知能力の状態を把握することが大切である。このようなアセスメントをしっかり実施し，そこで明らかになった子どもの状態を分析しふさわしい支援の手立てを改めて考えていくこと，さらにそのことについて，通級指導教室の活用も含めて支援の場を工夫することが求められている。

第Ⅱ部　領域別の支援の方法

第4章　算数・数学の支援

河村　暁

1　はじめに

　社会生活を行う上で数や形の理解は非常に重要で，お金や時間の計算，生産物の個数の管理，速度の計算，図面の読み取り，など日常生活や仕事に欠かせないものである。算数・数学にはこれらの基礎となる学習が含まれるが，学習に困難のある子どもでは内容の理解や定着が難しく知識を十分に習得できないことがある。

　算数・数学の学習の困難には認知的あるいは知的発達（熊谷，2016; Geary，1993）や環境（耳塚，2007）などさまざまな要因が関わっている。近年では算数障害の中核障害としてナンバーセンスの障害（Wilson & Dehaene, 2007）や，算数学習におけるワーキングメモリの重要性が指摘され（Raghubar et al., 2010），このような心理学的な知見に基づいて算数の学習支援に向かおうとしている（Butterworth et al., 2011; Kaufmann et al., 2013; 河村，2017）。

　ナンバーセンスとは，数量を即座に理解し，見積もり，操作する能力を簡潔に表す用語である（Wilson & Dehaene, 2007）。その測定に用いる課題の1つであるナンバーライン課題（Siegler & Opfer, 2003）では線の左端に0が右端に100が印刷されていて，子どもは28がどこに位置するかを答えるように求められる。こうした課題に困難があれば，算数の学習ではたとえば数直線で表現する百分率の理解などに困難の生じることが予想できる。ワーキングメモリとはさまざまな課題の遂行中に一時的に必要となる記憶を指す（三宅・齊藤，2001）。算数では，たとえば暗算しようとすれば十の位の数を計算しながら計算済みの一の位の数を覚えておかなければならないように，多くの場面でワーキングメモリの働きが求められる。このようなナンバーセンスとワーキングメ

40

モリの働きの両方は算数の学習において重要な役割を果たす（von Aster & Shalev, 2007）。

　ここではナンバーセンスとワーキングメモリの困難に配慮しながらどのように算数・数学の支援を行っていくのか個別の学習支援における支援方略を紹介していく。

2　全般的な支援方略

　学習支援の際は，算数・数学の広い範囲で支えとなる全般的な支援方略と，学習する内容に特化した領域固有の支援方略とが必要になる。ここでは湯澤・河村・湯澤（2013）の枠組みの中から3点を挙げ，まず全般的な支援方略を考えていく。

（1）長期記憶の活用

　私たちはよく知っている既知の情報であれば，未知の情報よりも一度に多くのことをワーキングメモリに保持できる。そのため算数・数学の困難の背景にワーキングメモリの困難があるときは長期記憶を支えにすることが支援の基本になる。言い換えると子どもの既有知識，経験，興味関心を支えにすることである。たとえば角度の学習で角度の大きさの比較が求められることがある（図4-1）。3つの角度を比較するためにはまず2つの角度同士で大きさを比較し最後に順番付けを行うが，視空間的なワーキングメモリに困難のある子どもでこの問題が解決できない場合がある。ところが「この角度は針です。針の痛い順番に番号をつけましょう」と教示を変えると答えやすくなる。これは抽象化された概念としての角度に，既有知識の「針」により具体的な意味付けを行い，理解しやすくしたことになる。同様の例として，数の理解のためにお金を使うこと，文章題や小数の理解に子どもの好きなゲームキャラクターを使うことによって，経験や興味関心を活用することができる。

（2）注意の焦点化を適切にする

　算数・数学を学習する際は注意を適切に焦点化することが必要である。図4-2のような問題では不必要な情報を抑制し，必要な情報にのみ注意を向け，さらに図形の形・大きさを記憶しながら次の図形へと注意を切り替え，いくつ数えたか，どの条件を数え終わったのかを記憶しなければならない。この問題が困難な子どもでは透明なカードにさまざまな大きさの図形をなぞってから数えたり，必要な情報のみが見えるようにスリットを切った紙を用いて数えたりすることで容易に解答できることがある。しかしこうした困難の表れ方は複雑な問題だけでなく，一見，平易と思える問題でも出現する。たとえば基本的な計算は習得できていて8−3は計算できるが，8−3＋2だと計算できず「どうしたらいいの？」「どこからやったらいいの？」と子どもが言う場合がある。しばしば最後の＋2を指で隠して答えの5を下に書き，次に8−3を指で隠して5＋2を計算するようにすると解決できる。このようにたった今処理するために必要な情報を目立たせ，不要な情報は目立たなくあるいは隠し，情報の量を適切にコントロールすることが重要となる。

（3）言語的・視空間的な情報に配慮する

　算数・数学の学習に困難のある子どもの中にはワーキングメモリの言語的な側面に困難のある場合や視空間的な側面に困難のある場合があり，その特性は学習の様々な場面に影響を与えている。乗算の学習を例にとると，言語的短期記憶に困難のある子どもが九九を覚えられない場合や，視空間性ワーキングメモリに困難のある子どもが文章題を読んで文章が表す状況をイメージできず，どのように立式して良いかわからないことが経験される。そのため子どもの強い特性を生かして学習を進めるとともに，もしもその学習において子どもの弱い特性が求められるならば本質から離れない範囲でやり方を工夫する必要がある。たとえば加算の学習において視空間性ワーキングメモリを生かすようなやり方（図4-3左）を理解しにくい場合は，視空間性ワーキングメモリやナンバーセンスの困難を回避して系列的に数え上げるようなやり方（図4-3右）をとることができる。

算数・数学の支援 第4章

問題：角度の小さい順に番号をつけましょう

図4-1　長期記憶の活用

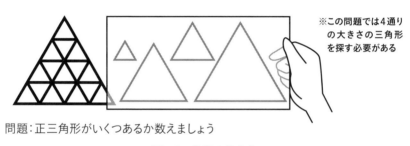

※この問題では4通りの大きさの三角形を探す必要がある

問題：正三角形がいくつあるか数えましょう

図4-2　注意の焦点化

視空間性ワーキングメモリを生かすやり方

8が10になるまで3からタイルを渡して、より平易な計算である10と1とを合わせ、答えの11を出す。

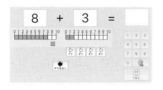

視空間性ワーキングメモリの困難を回避するやり方

8から出発して+の方向へ3進むことで、答えの11を出す。

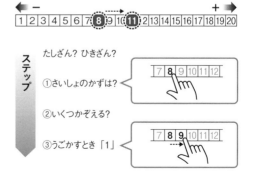

図4-3　言語的・空間的な情報への配慮

43

第Ⅱ部　領域別の支援の方法

　なおこのように子どもの特性に応じた支援を行うことは子どもの注意の焦点化を適切にすることにつながり，また同じ言語的なやり方にしてもよく知っている数え方（例：「4」の読み方として「し」よりも「よん」を使う）を使うことで子どものワーキングメモリを支えることができる。長期記憶の情報を活用すること，注意の焦点化に配慮すること，言語的・視空間的な情報に配慮することの3つは相互に深い関連がある。

3　領域固有の支援方略

　ほとんどの学習では全般的なアプローチですべてが解決するわけではなく，それぞれの学習の内容に応じた固有の支援方略が求められる。以下では算数・数学において特徴のある困難を取り上げ，支援方略の例を紹介する。

（1）言葉で数える

　ほとんどの成人では4＋3は記憶から答え7を取り出すことができるが学習の初期では4個と3個の具体物あるいは指を数え上げて答えを出す。そのため「いち，にい，さん……」と言葉で数えあげることはその基盤となる。ワーキングメモリに困難のある子どもではこの数え上げの学習に困難を示す場合があって，中には1から20までは数えられるのに，30以降は「……34, 36, 37, 39……」のように数え飛ばし，反復学習では定着しにくい子どもがいる。この理由の一つは，一の位を「……4, 5, 6……」と上昇させながら「さんじゅう4，さんじゅう5，さんじゅう6……」のように音を挿入させなければならないため「にじゅう」に比べて「さんじゅう」のように音の数が多いとどこまで数えたのか忘れてしまうためであると考えられる。そこで「（3秒のブランク）4，（3秒のブランク）5……」のように数の間にブランクを置いて数え上げる練習をして，次第に「たぬき4，たぬき5……」のように数と干渉しにくい単語を挿入し数え上げる練習を，最後に「さんじゅう4，さんじゅう5……」のように数を挿入する練習を行なっていく。なお万以上の学習では「1億，10億，100億……」と覚える必要があるが，「1, 10, 100」は言えるのに「1億, 2億……」のように，より熟知した基本的な系列を基礎として想起してしまう場合がある。

44

このときは「1たぬき，10たぬき……」のように単語を後につけて練習する。

（2）指や物，図形の一部を数える

指認識は算数成績と関連する（Noël, 2005）ことから指を数えることは計算の基礎になっていると考えられるが，算数に困難のある子どもでは言葉で「1，2，3……」と言うことができても指や物の数を正確に数えることは難しい場合がある。たとえば指を数える時，指と言葉のいずれかまたは両方を数え飛ばしたりする。また指や物に対応する言葉が一致しておらず「（最初の指や物を指差して）いち，（指差した指をあげたとき）にい，（次の指や物を指差して）さん……」と数えたりする子どももいる。指を折ろうとして2つの指を同時に折ってしまい，正しく数えられない場合もある。指認識のゲームをしたり，すごろくや「魚釣りゲーム」「お買い物ゲーム」（図4-4）などで数と親しむ練習をしたり，数えたドットに印をつける習慣をつけたりする。図形の辺を数える問題ではスリットを移動させながら数える。

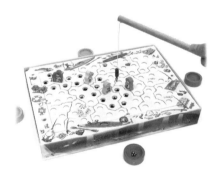

魚釣りゲーム
氷の海として上面の厚紙の下に紙が貼ってある。釣竿の末端でサイコロの数だけ紙に穴をあけ，磁石で金属の魚を釣る。順序立てて穴をあけたり，あけた位置を覚えたりする必要性を遊びながら学習できる。写真のゲームは「カヤナック(Kayanak)」(HABA社)。

お買い物ゲーム
最初に給料として10もらい，サイコロをふって進んだ数だけ進み，そこに書かれている計算（買い物をした，アルバイトをしたなどの行動が書かれている）をして，お札を足したり引いたりする。写真のゲームは筆者のオリジナル。

図4-4　数を数える練習をするための支援方略の例

（3）数量の理解

　数を数え上げることはでき，図形の大小は理解できても「10は8といくらか」あるいは「28は100の中でどの辺りの位置にあるか」といった数量を理解できない子どもがいる。これが難しい場合は，計算の自動化やテープ図の理解，面積図の理解など，算数・数学の学習を本来支えるはずの道具立てそのものを理解することが難しくなると考えられる。図4-5のような数と量とを関連させるような課題，数量間の関係性を学習する課題に取り組んでいく。数量の理解は後の様々な場面で影響する。たとえば計算結果を概算して誤りを検出したり，1時間を60分として，1mを100cmとして理解したりしなければならない。また文章題で一桁同士の数の問題ならば正しく加算か減算かを判断できるのに，二桁の数であるとわからなくなる子どももいる。

（4）繰り上がりのある加算・減算

　8＋7のような計算は両手の指の数を超えていることから学習の初期にある子どもにとっては難しい学習の一つとなっている。教科書では7から8へ2を

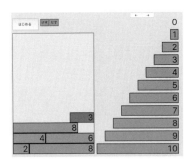

ブロック積みゲーム
このコンピュータ教材では，左側にブロックが現れるので合わせて10になるようにブロックのボタンを押して積んでいく。Butterworth et al.,（2011）を参考に作成。

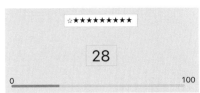

数直線ゲーム
このコンピュータ教材では提示された数が数直線上でおよそどの辺りの位置にあるのかクリックして答える。Siegler & Opfer（2003）を参考に作成。

図4-5　数量を学習するための支援方略の例

渡して10にして，7は2をとったので5として，10と5で15と計算するやり方を教える。このやり方は計算の強い支えとなるが，10の分解やそれ以外の数の分解が速やかにできることが前提になるので，操作としては理解できても実用的に使用できずブロックがないとこのやり方が使えない子どももいる。数量の理解に苦手さはあるが，最後にはこの計算を習得することができたある子どもは「最初の数が8の場合，後ろの数から2を下げて5にして，前に1をつける」とやり方を説明した。この「2を下げる」「前に1をつける」という表現は，数を量に基づいてではなく系列として扱って学習していることを示唆する。そのため困難が大きい子どもでは20までの数直線を用いて8からスタートして7進むことで15を導き出すような系列的なやり方で学習を行ったり（図4-3右），「8は5と3，7は5と2。5と5は10で，3と2は5，あわせて15」のように5を基本とすることで数の分解の負担が少ないやり方で学習を行ったりする（湯澤・河村・湯澤，2013）。

（5）位取り

「538」は「ご・さん・はち」ではなく「ごひゃくさんじゅうはち」と読む必要があるが「ひゃく，じゅう」は字としては表されておらず位置から読み取らなければならず，これに困難を示す子どもがいる（〇☆□を同じ規則で読むと「まるひゃくほしじゅうしかく」でありその難しさを実感できる）。一般的には1のタイルが100個でできている100の棒が5本，10の棒が3本，1のタイルが8で538のように学習を行うが，棒やタイルなどの視覚的な情報と「百の位」のような言語的な用語が介在することからワーキングメモリに困難のある子どもでは理解が難しいことがある。まずお金の学習などを通して1000や100などの大きな数に親しみ，図4-6のように500を「ごひゃく」と読む練習をしたり，500と30と8のカードが合体して538になることを学習したりする。

（6）文章題や図形問題

ここまで扱ってきたのは数，数量，計算方法，記数法についてであったが，計算以外の算数・数学の問題は多くが文章や図で表現され，子どもは自分で情報を読み取って操作し，問題を解決しなければならない。計算はできても文章題

や図形問題ができない子どもにとって，これらは算数の学習における大きな壁となっている。特に，ワーキングメモリに困難があって，注意持続の時間が短く，間違いへの耐性が弱い場合は，教材や教具で文章題の表す概念を教えようとするとすぐに視線が別の方を向いたり，間違えるとパニックになったりして，学習そのものが成立しないことが経験される。

こうした状態に至らないようにするために図4-7左のように折って必要な情報だけに注意を向ければよいようにしたプリントを用いることができる（河村，2016；湯澤・河村・湯澤，2013）。

（7）算数から数学へ

学習に困難のある子どもが中学生となり算数から数学に移行したときに本人や保護者，支援者がしばしば感じるのは，算数で学習したことを前提として数学の学習が進むことと，進度が非常に速いことである。文字式で用いられる文字が表す数量のイメージを持ちにくかったり，ワーキングメモリに困難のある子どもは複数の文字のどの文字が何を表しているのか覚えられなかったりする。

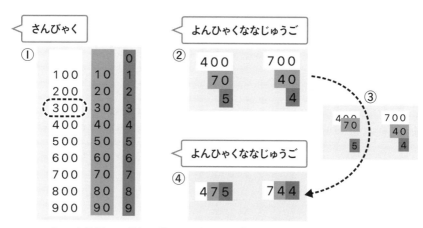

このコンピュータ教材では最初に①のような画面で「さんびゃく」と言われたら「300」のカードをクリックする練習をする（①）。次にそれらのカードを組み合わせた②のような画面で言われた数の組み合わせをクリックする。カードが合成される様子を子どもに見えるようにしながら（③），④でも言われた数の組み合わせをクリックする。

図4-6 位取りを学習するための支援方略の例

算数・数学の支援 第4章

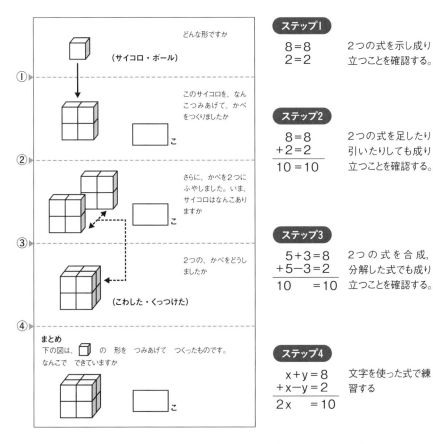

折説明プリント

最初に①の折線で折って折線の上だけが子どもに見えるようにする。最初のステップに答えたら②の線まで開いて見えるようにする。1つ1つのステップに注意を向ければよいようにして，なおかつ最終的にはそれらのステップのつながりが一目でわかるように作る。

既知の情報に基づいて学習を進める

連立方程式という新しい仕組みの学習を始めるときは，理解しやすい既知の情報から初めて次第にターゲットとなる学習に近づく。

図4-7　文章題や図形問題を理解するための支援の例

第Ⅱ部　領域別の支援の方法

数学においても基本的なやり方は共通しており，たとえば連立方程式では具体的な数字から意味を理解して徐々に新しい情報を導入し，段階を踏んで学習すると理解が容易である（図4-7右）。

4 おわりに

　算数・数学に長けた子どもはしばしば数と，まるで「遊び」のように粘り強く親しんでいて，教えられなくても19×19の答えを知っていたり色々な計算方法で答えを出したりすることができる。しかし算数・数学の支援の対象となる子どもは，しばしば指示に従って取り組むことが精一杯で，自分なりの計算のやり方を持っていても「よくわからないやり方」「もっと良いやり方がある」と言われ，その原因でも結果でもあるが，数と形に親しむ機会も少ない。Wirtz（1974）は算数の目標として①粘り強さを励ますこと，②学習者を運転席に乗せること，③実のある問題を解くこと，④学習者がすでに知っていることや発見したことに誇りを持たせること，⑤それらの知識を記録することを助けること，⑥独力で研究する機会とそれに対する賞賛を与えること，⑦数と形への友情を育むことの7つを挙げた。私たちは学習者にただ問題を押し付けていないだろうか。計算を好むからと計算だけを取り組ませていないだろうか。その子なりに数や形を操作できるという自己効力感を持たせられているだろうか。私達が算数・数学に困難のある子どもに接するとき，これらの目標は通底する姿勢として持っておく必要がある。

【文　献】

Butterworth, B., Varma, S., Laurillard, D. (2011). Dyscalculia: From Brain to Education. *Science*, 332, 1049-1053.

Geary, D. C. (1993). Mathematical disabilities: Cognitive, neuropsychological, and genetic components. *Psychological Bulletin*, 114, 345–362.

河村　暁. (2016). ワーキングメモリと個別の学習支援（学習障害を支援する）. こころの科学，187，83-88.

熊谷恵子. (2016). 算数障害とは（学習障害を支援する）. こころの科学，187，46-52.

耳塚寛明. (2007). 小学校学力格差に挑む：だれが学力を獲得するのか. *教育社会学研究*，

80，23-39.

三宅　晶・齊藤　智.（2001）. 作動記憶研究の現状と展開. *心理学研究*，72，336-350.

Noël, M. -P. (2005). Finger gnosia: a predictor of numerical abilities in children?. *Child Neuropsychology*, 11, 413–430.

Raghubar, K. P., Barnes, M. A., and Hecht, S. A. (2010). Working memory and mathematics: A review of developmental, individual difference, and cognitive approaches. *Learning and individual differences*, 20 (2), 110-122.

Siegler, R. S. and Opfer, J. (2003). The development of numerical estimation: evidence for multiple representations of numerical quantity. *Psychological science*, 14, 237–243.

湯澤美紀・河村　暁・湯澤正通（編著）.（2013）. ワーキングメモリと特別な支援：一人ひとりの学習のニーズに応える. 京都：北大路書房.

Wilson, A. J. and Dehaene, S. (2007). Number sense and developmental dyscalculia. In Coch, D, Dawson, G. and Fischer, K.W (Eds). *Human Behavior, Learning and the Developing Brain: Atypical Development*. New York: The Guilford Press.

Wirtz, R. W. (1974). *Mathematics for Everyone*. Washington, DC: Curriculum Development Associates, Inc.

Kaufmann, L., Mazzocco, M.M., Dowker, A., von Aster, M., Goebel, S., Grabner, R., Henik, A., Jordan, N.C., Karmiloff-Smith, A.D., Kucian, K, Rubinsten, O., Szucs, D., Shalev, R.S., and Nuerk, H.C. (2013). Dyscalculia from a developmental and differential perspective. *Frontiers in psychology*, 4, 516.

河村　暁.（2017）. 数量の認識とワーキングメモリの困難に対応した指導の工夫. *実践障害児教育*，46 (2)，22-25.

第Ⅱ部　領域別の支援の方法

第5章 英語学習の支援

湯澤美紀

1 はじめに

　2020年，小学校での英語の教科化が5・6年生を対象に実施される。このこと
は，同時に，読み書きの障害（以下，ディスレクシア）あるいは軽度の知的障
害を抱える児童にとって，それ以前であれば，中学校で直面していたであろう
英語学習のつまずきが，より早期にもたらされる可能性を含んでいる。

　日本語の場合は，音声とそれをあらわす文字が一致する表音一致の言語であ
り，特殊音を除いて，50音の学習をもとに，比較的スムーズに読み書きを開始
することができるが，英語の場合は，音声と文字は必ずしも一致しない。日本
語の読み書きについてはある程度できていた児童も，英語の隠れディスレクシ
アを抱えている場合も多く，英語の学習に困難を示しやすい。そのため，小学
校での英語学習場面において，教師は，日本語と英語の言語の違いを踏まえた
上で，一人ひとりの認知的特性に応じた適切な支援を行うことが求められる。

　ところで，ディスレクシアあるいは軽度の知的障害を抱える児童が，英語を
学ぶことにいかなる意味があろうか。その点について，本章では，英語が学校
教育の教科に位置づけられるから学ぶといったこと以上に，言語そのものを学
ぶ機会として，より積極的な意味を想定している。

　まず，一つ目に，音韻認識能力の向上である。英語学習で必要となる子音・
母音レベルの音声（以下，音素）を正確に聞きとることは，音声そのものに対
する感度を高め，英語に限らず日本語に対する音韻認識能力を高めることが期
待できる。二つ目は，言語の構成に対するメタ的な認知の促進である。日本語
の場合，句読点は存在するものの，文法上の各要素は連続的に表記され，その
構成を捉えにくいが，英語の場合，主語・述語・目的語等，スペースが単語間

52

に布置される。そうした言語の構成を視覚的にとらえられることにより，英語に限らず日本語にも言語に共通する文法的な構造を直感的に把握しやすくなる。そして，三つ目は，英語を介したコミュニケーションの蓄積である。シンプルなやり取りであっても，日常のコミュニケーションを支えるスキルの習得とともに，人と関わることへの自信を育むことができる。また，ユニークな個性をもった子どもたちが，海外へとその活躍の場を模索することもあろう。世界をつなぐ言語として英語を学ぶことの意義は大きい。

　これらを踏まえた上で，英語学習の支援のあり方について考えていきたい。しかしながら，ディスレクシアあるいは軽度の知的障害を抱える児童にとって，英語の学習がチャレンジングであることに変わりはない。そこには，子どもの認知的特性に加え，英語特有の学習上の難しさが存在するからである。

　そこで，本章では，英語学習がなぜ日本人にとって難しいのかといった要因を整理した上で，全ての子どもにとって有効だとされる多感覚を用いたシンセティックフォニックスを紹介する。また，ディスレクシアあるいは軽度の知的障害を抱える児童のニーズに応じた支援例ならびに英語を媒介とした発展的な活動例を紹介していきたい。

2　英語学習の難しさの背景

（1）日本人にとって英語はなぜ「聞きとり」にくいのか

　日本語と英語は言語を構成する要素に大きな違いがあり，そのことが，日本人の英語の聞きとりにくさをもたらしていると推測される。

　英語は，音節（syllable）を一つの音のまとまりとしてとらえ，前後の音の強弱によって単語の意味を判断する。日本語の場合は，子音と母音が連結した拍（mora）を一つの音のまとまりととらえ，各拍の音の高低によって単語の意味を判断する。一方で，音声を構成する音の最小単位は，英語の場合，子音（consonant，以下，C）と母音（Vowel，以下，V）といった音素（phoneme）であるが，日本語の場合は，先ほどのリズムと同様に拍である。

　したがって，日本人は，英語の音節を拍のリズムで知覚する傾向があるため，

音の情報を複数のまとまりに区切って知覚する傾向がある。加えて、英語の音声を正しく知覚しようとしても、音の最小単位がそれらよりも大きいため、正確に知覚しにくい。

では、"dog"を例に挙げて考えてみたい。"dog"は、"g"を閉鎖音（stop consonant）にもつCVCから構成される1音節の単語である。日本人のリズム構造・音の最小単位は、CVであるため、"dog"を"do_g"と2つの情報としてとらえるとともに、閉塞音である"g"に母音を付与して"gu"と知覚するため、"dog"を"do_gu"と聞きとってしまう。つまり、情報のユニットが、1つから2つへと増えることから、学習を支えるワーキングメモリに負荷がかかると同時に、母音を全ての子音に付与することから、英語学習の開始時に必要となる音素の学習につまずきやすい（図5-1）。

（2）様々な認知的特性を有する児童にとっての英語学習の難しさ

言葉は他者との応答的な関わりの中で育まれていくものであるが、子どもたちが新たな言葉に出会い、語彙として習得していくためには、言葉を構成する音声を正しく認識し、記憶に留めることが必要となる。そのプロセスを支えるのが言語的短期記憶と音韻認識能力である（例えば、コーモス（Comos, J.）・スミス（A. M. Smith）、2017）。

言語的短期記憶は、音声情報を一時的に記憶する能力であり、ワーキングメモリの音韻ループに相当する（第1章参照）。音韻認識能力は、音声を操作する

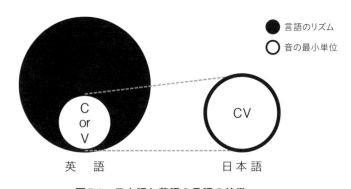

図5-1　日本語と英語の言語の特徴

能力であり，単語の語頭・語尾を取り出したり，単語を当該言語の音の最小単位によって区切っていく能力を指す。概して，ディスレクシアを抱える児童の場合，その両者の能力が低い。加えて，軽度の知的障害を抱える児童の場合，ワーキングメモリそのものが低い傾向にある。英語という新たな言語を学習する上の困難さは，こうした認知的特徴を反映している。現在，そうした児童に有効な手立てとして考えられているものが，多感覚を用いたシンセティックフォニックスである。

3 多感覚を用いたシンセティックフォニックス

(1) 多感覚を用いたシンセティックフォニックスとは

「フォニックス」とは，英語を構成する音素そのものを文字と音声と対応させながら，学習していく方法であり，いくつかのアプローチの方法がある。ここでいう「多感覚を用いたシンセティックフォニックス」の「シンセティック」とは，既習の音素を組み合わせて（synthesize），読み書きへと繋げていくものであり，単語を音素へと区切るセグメンティングや学習した音素を連結して発声するブレンディングといった音韻認識能力が必要となる。

英語圏において，学習開始時の英語の教授法は変遷してきているが，英国では2007年，日本の文部科学省にあたる教育省が，学習開始期のシンセティックフォニックスを用いた指導書を作成するとともに，2013年，現在のナショナルカリキュラムの導入を，

片方の手を前に出し，ヘビ（snake）の形をS字に形づくりながら，「s〜, s〜, s〜」と言います。

※「s」は，ヘビが相手を威嚇する際の音を表しています。「s」は，舌を前歯の歯茎に近づけ，その間を力強く空気を押し出すように発音します。その際，「s」の音はゆっくりと伸ばしましょう。また，できるだけ大きくS字を描くことで，文字の形がとらえやすくなります。

図5-2　sに関する発音・イラスト・動作・ストーリーの概要（湯澤・湯澤・山下, 2017）

ディスレクシアのある児童はもちろん，全ての子どもにとっても有効であるとした通知を出している。本書では，特に，「多感覚を用いた」シンセティックフォニックスを紹介していくが，「多感覚を用いた」とは，図5-2に示すように，文字，動作，絵，ストーリーなどを関連付け，多感覚を使って学習していくという点で特徴的である。

（2）多感覚を用いたシンセティックフォニックスの利点

従来，日本においては，まず，英語はアルファベットを覚えるところから学習が開始されるが，この方法はディスレクシアあるいは軽度の知的障害を抱える児童にとっては不利である。例えば，sについては，「エス」といった日本語読みを先に学習することになる。しかし，step（その他，stop，skiなど）といったフォニックスにしたがって読むことができる単語についても，「エス」「ティ」「イー」「ピー」と日本語読みをした後，英単語の発音を個別に覚える必要があり，記憶に負荷がかかると同時に，英単語の本来の発音とは異なるため，ワーキングメモリ内で混乱が生じる。

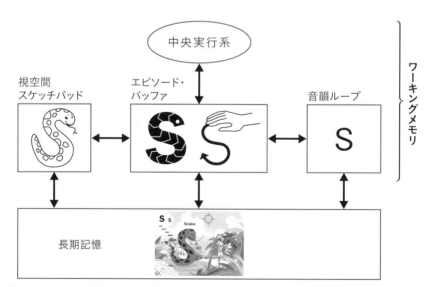

図5-3　ワーキングメモリモデルからみたシンセティックフォニックスの学び
（湯澤・湯澤・山下, 2017）

英語学習の支援　第5章

　英語の場合であっても，総単語のおよそ70%程度は文字と発音の対応しており，フォニックスの学習が有効となる。また，言語的短期記憶（図5-3中，音韻ループ）が弱かったり，全体的にワーキングメモリの能力が低くても（図5-3中，ワーキングメモリ），「多感覚」を用いて，自分の得意な領域を用いて情報を受け入れたり，「ストーリー」を用いることで，長期記憶からのサポートを受けることができることから，子どもにとっては，聴覚以外のより多くのチャンネルで情報を受け取ることができる。

4　活動例と支援上の工夫点

　ここでは多感覚を用いたシンセティックフォニックスとして，英国の学校で最も広く用いられているジョリー・ラーニング社製のジョリーフォニックスを教材として紹介する。

（1）音素の学習：文字と音声との対応

　ジョリーフォニックスでは，42の音素の学習を学習開始期に行うが，学習順は，7つのセクションに区切られている。これは，英語の中でも頻出度が高いものを先に，長母音や発音上の難しさがあるものについては後に学ぶことができるよう配慮されている。そのため，最初のセクションで学習した音素を用いて，すぐに身近な単語を学ぶことができる（活動例は，ジョリーラーニング（2017）に詳しい）。

　学習の流れは，主に5つに区切られている。まず，1）ストーリーの提示である。子どもたちは，音素に関するイラストのページを見て，そのストーリーを教師から聴く。例えば，「s」の音素のイラストには，「s」にちなんだお話が紹介される。子どもたちと一緒にイラストを見ながら感想を述べ合ったりしながら，意味を関連づけていく。その後，2）音声，文字・絵・アクションを対応づける活動を行う。図5-2に示している通り，音素についての絵と動き，そして，音素の音声を学んでいく。次は，それらの定着を図る活動である。3）文字を空書をしたり，ワークシートに文字を書きこむなどして，音声，文字・絵・アクションの対応づけを深める。残りの2つのステップは，読み・書きの

57

第Ⅱ部　領域別の支援の方法

土台となるセグメンティングとブレンディングといったスキルの習得である。4）セグメンティングとは，単語，語を各音素に区切ったり，特定の音声を聞きとる活動であり，5）ブレンディングとは，学習した音素を組み合わせて，新たな単語，語をつくり出すといった活動である。

（2）子どもたちのニーズに合わせた配慮

　子どもたちの学習上のニーズは，主に，視覚的な認知がうまくいかない場合や「書き」などの微細運動に問題がある場合，他の発達特性に関する場合がある。ここでは，先ほどの活動の流れにしたがって，子どもたちのニーズに応じた工夫点を表5-1にまとめる。

5 発展的活動

（1）特別支援学級に在籍する子どもを中心とした実践紹介

　多感覚を用いたシンセティックフォニックスを通して，音素の音声と文字との対応を学び，また，ブレンディングによって様々な単語を習得していくことができる。こうした基礎的なスキルの習得を土台として，子どもたちの興味・関心に応じた実際的な活動の展開が可能となってくる。ここでは，特別支援学級に在籍する子どもたちやそのきょうだい15名と2年半にわたって行った英語活動において，発展的活動として，特に，地域の特産品を使った「パフェづくり」に関連した内容を紹介する。

　活動は，週に1回，研究の一貫として行った課外活動であったが，その一部の活動については，特別支援学校あるいは特別支援学級での「自立活動」に取り入れていくことができると考える。自立活動とは，文部科学省によると，一人ひとりの児童生徒の実態に応じながら，よりよく生きていくことを目指した主体的な取り組みを促す教育活動とされる。2020年度の学習指導要領の改訂にともない，子どもの「主体性や興味・関心」がより強調され，教科で学んだ様々なスキルを活用しつつ，子どもたちの世界を広げていくことを目指した活動の展開もそこで実施していくことができる。

英語学習の支援　第5章

表5-1 本活動の流れと子どもたちのニーズに応じた具体的な工夫点

活動の流れ	具体的な工夫点
環境構成	・活動の見通しをたてにくい場合 　→活動の流れを視覚的なスケジュールで示す。 ・音声による指示に集中しにくい場合 　→1回の指示でメッセージは2つに留める
1）ストーリーの提示	・音声の聞きとりが難しい場合 　→ターゲットとなる音声を強調し，ゆっくり発音する 　→見る・話す活動と聞く活動を明示的に区切る
2）音声，文字・絵・アクションを対応づける活動	・対応づけが難しい場合 　→具体物を用いる（例えば，へびの人形） 　→表に絵，裏にアクションと文字を書いたカードを用いる。
3）音声，文字・絵・アクションを対応を深める活動	・書いた字が評価されることを嫌がる場合 　→ホワイトボードを利用する ・筆圧が弱い場合 　→指でなぞるだけで良いワークシートを用いる ・文字の構成がとらえにくい場合 　→4本線をもとに書きはじめと書き終わりの場所を明示する
4）単語を各音素に区切ったり，特定の音素を聞きとる活動：セグメンティング	・音の聞きとりが難しい場合 　→音素と音素の間にポーズ（小休止）を入れながら発声する。 ・音素に区切ることの意味がつかみにくい場合 　→音素が書かれたカードを並べ，ゆっくり発音しながら，各音素カードの位置を広げる
5）複数の音素を組み合わせて，音声に結合する活動：ブレンディング	・音素に結合することの意味がつかみにくい場合 　→音素が書かれたカードを並べ，ゆっくり発音しながら，各音素カードの位置を狭める

59

（2）実践の概要

　参加した子どもの中には，料理など一連の流れ（スクリプト）にしたがって物事を進めるのが得意な子ども，人とのやりとりが好きな子どもなどがおり，そうした子どもたちの興味・関心にもとづいて，活動は計画された。テーマは，子どもたちの大好きな「フルーツパフェ」とした。1日バスを貸し切り，子どもたちの家族も含めて観光農園やアイスクリームを製造販売している酪農ファームを訪れるなど，パフェの素材に親しむ実体験を中心としうえで，地域の方に日頃の活動の様子を伝えるとともに，フルーツパフェを振る舞った。

①観光農園や酪農ファームへ向けて

　日常の英語活動の中で，地域の特産や季節の果物に関する英語のフレーズ（図5-4）を，ブレンディングを用いて読む・話すといった活動を行ったり，バス旅行に持っていくものを英会話のやりとりを通して行った。

②観光農園や酪農ファームにて

　酪農ファームでは，実際にパフェづくりを体験し，また，ワークシートにブドウの種類などを英語で書き加えたり，作りたいパフェをイメージして絵を描いていった（図5-5）。

③発表会：「フルーツパフェ」に向けて

　発表会での「フルーツパフェ」では，パフェの作り方を英語で紹介するための簡単なチャンツ（図5-6）を，ブレンディングを用いて読む・話すといった活動を行った。

④発表会：「フルーツパフェ」では

　地域の方や学校の先生方，そして，親戚や友だちも招いて発表会を行った。果物に関する英語の紹介に加え，後半は，「フルーツパフェ」の作り方をチャンツに合わせて紹介し，その後，英語でオーダーをとり，全ての参加者にサービスをし，日頃の感謝の気持ちを伝え，会を終えた。

英語学習の支援 第5章

> *Tell me things what you will take on the bus trip?*
> *Will you take~? Will you take a camera?*
> *(a lunch box, pencils,*
> *a back pack, sweets?)*

※音声と文字との対応で読めるものは太字，ルールをあてはめて読めるものは破線で示している

図5-4　フレーズ例

図5-5　フルーツパフェの絵

> 1. *Take out the fruits, wash them, wash them*
> 3. *Take out a knife, cut them, cut them*
> 4. *Cut them into pieces, peel them, peel them*
> 5. *Take out the ice cream, scoop it, scoop it*　（後略）

※音声と文字との対応で読めるものは太字，ルールをあてはめて読めるものは破線で示している

図5-6　チャンツ例

（3）確かなスキルと発展的活動

　発展活動においては，英語の学習は一部ではあったが，活動と活動，人と人とを繋ぐ結束点であった。核となる学習を通し，着実に自信をつけるとともに，人と関わり，笑顔を交わしあった実体験は，子どもたちのこれからの社会参加を後押しする関心・意欲へとつながっていくことが期待される。

6　今後の課題

　近年，第二言語の習得のプロセスに関する研究の進展に伴い，子どもたちの認知的特性にあった学習方法が提案されてきている。研究の動向を学ぶことで，効果が期待されにくい学習方法を押し付けたり，逆に，子どもには学ぶ意欲はあるのに，十分な学習機会を提供しないといったことは回避できるであろう。ただし，具体的な教授法については，実践者が集中的に研修を積む必要がある。行政職ならびに学校内で指導的立場にある方々は，特に，英語学習の理論と方法に関する研修機会をさらに充実させていただきたい。新しい英語学習のかたちが，今，始まろうとしているのである。

【文　献】

ジュディット・コーモス，アン・マーガレット・スミス．（著）．竹田契一（監修），飯島睦美，大谷みどり，川合紀宗，築道和明，村上加代子，村田美和（翻訳）．（2017）．*学習障がいのある児童・生徒のための外国語教育：その基本概念，指導方法，アセスメント，関連機関との連携*．東京：明石書店．

ジョリーラーニング社（著）．山下佳世子（監訳）．（2017）．*はじめてのジョリーフォニックス：ティーチャーズブック*．東京：東京書籍．

湯澤美紀・湯澤正通・山下佳世子（編）．（2017）．*ワーキングメモリと英語入門：多感覚を用いたシンセティックフォニックスの提案*．京都：北大路書房．

第Ⅱ部　領域別の支援の方法

第
6
章

学び方の学習

栗本奈緒子

1　はじめに

　学習を進めるうえで大切なのは，「自分で試行錯誤し，考える」「何がわからないかがわかり，解決のための方略を使える」ということである。小学校高学年である程度これらの力を身に着けておくと，難しくなる中学校での学習に取り組む助けとなる。これらの力は，一般的に学習場面でいろいろな経験を積みながら身に着けていくものであり，ある程度の方略を教えられることはあっても，その方略を使うタイミングや使い方を教えられることは少ない。

　発達障害の子どもは，経験の中から学習の取り組み方法や解決方法を読み取ることが難しく，そもそも「試行錯誤して自分で考えるものである」「わからないときには解決のための努力が必要である」ということ自体がわかっていないこともある。また，ある場面で試行錯誤の方法や解決のための方略を学んだとしても，それを般化することが難しい。このような力を習得していくには，まず「わからない」ということを教師や周囲の大人に伝え，試行錯誤の方法や解決の方法を教えてもらうことが必要になるが，そのためのことばやコミュニケーション，対人面などに弱さがあると，「考え方や解決方法を教えてもらう」というチャンスが少なくなる。こういったことも，発達障害の子どもが試行錯誤の力や解決方略を習得しにくい原因の一つである。

　発達障害の子どもには，小学校高学年になってから試行錯誤の方法や解決方法を教えるのではなく，小学校低学年や小学校入学前から「学習に向かう姿勢を育てる」「ことばで伝える習慣をつける」などを始めていき，表6-1のように段階的に支援を行うことが有効である。

63

表6-1 支援内容と支援する時期

		就学前	小学校		中学生
			低学年	高学年	
ことばで伝える力	援助を求める	◎	○	○	○
	許可を求める	◎	○	○	○
	質問	○	◎	◎	◎
学習姿勢		◎	◎		
集団学習時のルール		○	◎	○	
見直す			◎	○	○
調べる			○	◎	◎
自分に合う方法を知る				○	◎

○＝支援に適した時期　◎＝特に支援に適した時期

2 幼児期

　幼児期はまだ学習が始まる前であるが，学習への取り組みの姿勢や考える姿勢の土台を作る大切な時期である。

　幼児期の「遊ぶ」「経験する」ということが中心の生活から，「学習」「時間割に沿った机上活動」が中心の生活への移行は，発達障害の子どもではなくても混乱が大きい。そのため，就学前の1～2年間に学習に向かう姿勢を育てておくと，小学校生活への移行がスムーズになり集中して学習に取り組むことができる。また，「人に伝える」「ことばで伝える」という習慣をつけておくことで，就学後の混乱の時期に援助を受けやすくなる。

（1）助けてくれる人であることを気づかせる

　この時期は，まず大人の存在を意識させる必要がある。「大人は困ったときに助けてくれる」ということに気づかせるのである。

　一般的に子どもが困っているとき，大人はさっと手を貸して子どもが「難しい」「できない」と思っていた部分をやってしまうことが多い。例えば，ジャンパーのファスナーを上げようとしてもうまくできないときに，大人がそれに気

づくと子どもが援助を求める前にファスナーを上げる。

このようなときすぐに手を出すのではなく、まず「ちょっと難しいね」と声をかける。子どもが「できない」と思っているのか、「難しいけど自分でやりたい」と思っているのかを見極め、「できない」と思っているときには、「先生がしようか」と声をかける。この時「先生が」と明確に主語をつけたり自分を指さしたりして、「誰がしてくれるか」を意識させることが重要である。「誰がしてくれるか」が明確であれば、「助けてくれる人」ということを認識しやすくなり、「この人に援助を求めればいい」ということがわかりやすくなる。

（2）ことばで伝える力をつける

大人の存在に気づいた子どもには、ことばで伝えることを教えていく。

子どもが困っているときには、「『先生、拾って』って言ったらいいよ」「『新しい折り紙ちょうだい』って言ってごらん」と具体的な伝え方を教えると、子どもはまねをして「ことばで伝える」という経験をすることができる。このような経験を繰り返すことで、ことばで援助を求める習慣がつき、パニックになったり勝手な行動をとったりすることが減ってくる。

援助を求めること以外に、許可を求める（○○してもいい？）、質問する（次は何するの？　なんで○○なの？）なども具体的な伝え方を教えていくと、ことばでやりとりをして疑問を解決したり思いを実現したりする力がついてくる。

発達障害の子どもには、保育園や幼稚園で加配の先生がついていることもあるが、その場合は加配の先生に伝える練習をするのではなく、加配の先生が援助者となって「担任の先生に援助を求める・許可を求める・質問する」という方法を教えていくことが望ましい。小学校では必ずしも横に先生がいるとは限らず、その場合は担任の先生に許可を求めたり質問したりする必要がある。

子どもが困っているときには、加配の先生が「折り紙、破れちゃったね、○○先生に『新しい折り紙ちょうだい』って言おうか」と担任の先生への伝え方を教え、担任の先生の所に一緒に行ってから再度「『新しい折り紙ちょうだい』って言ってごらん」と横で援助する。それによって「子どもが担任にことばで伝える」という経験ができる。

語彙が少ない子どもやことばの遅れがある子どもには、「先生、やって」「先

第Ⅱ部　領域別の支援の方法

生，来て」といった汎用性の高いことばを教えていくと，場面に合わせたことばの選択で困ることがなく，伝える力をつけることができる。

（3）学習姿勢を作る

保育園や幼稚園では机と椅子を使った活動は少ないが，小学校入学後には45分間椅子に座り机に向かう活動が始まる。そのため，就学前には少しずつ椅子に座り机に向かう活動を取り入れていくと，小学校への移行がスムーズになる。制作活動や昼食は机と椅子を使うことが多いが，それ以外に椅子に座り机に向かって「先生の話を聞く」という時間を設けることが望ましい。絵本や紙芝居を椅子に座り机に向かって聞くようにするなど，「机に向かったら前を見て先生の話を聞く」という習慣をつけておくとよい。

また，時間割での生活に向けて，スケジュールを見る練習もあるとよい。子どもの理解に合わせて，写真・絵・文字を組み合わせたスケジュールカードを用意し，「上から下」か「左から右」の順に並べてスケジュールを提示しておくと，一日の流れがわかりやすくなる。終わったスケジュールカードを子どもの前で外したり，次のスケジュールを提示しながら今の活動の終わりを知らせたりすることで，見通しを持って活動を切り替える習慣ができる。

（4）集団学習時のルールを教える

小学校入学後，授業中のルールとして「話している人に注目する」「手を挙げ，あてられてから発言する」などがあるが，いずれも暗黙のルールであるため練習などはない。しかし，発達障害の子どもたちはその状況に置かれても「みんなと同じようにすればよい」とルールを読み取ることに弱さがあるため，明確に「ルール」として教えていくことが有効である。

例えば，絵本の読み聞かせのときに「本を見て聞くよ」「手は膝に置きましょう」とことばでルールを伝えたり，最後に絵本の内容についてのクイズを出して「手を挙げる」「あてられた人が答える」などを取り入れたりすると，就学後のルールの練習になる。

学び方の学習　第6章

3　小学校低学年

　小学校低学年は，学習の基礎となる読み書き計算のスキルを上げる時期である。一般的には「繰り返す」という練習が多く「自分で考える」「試行錯誤する」という要素は少ない。しかし，この時期に「学習とは繰り返し練習して覚えることである」という習慣がつくと，高学年で考えたり試行錯誤したりという学習方法に移行することが難しくなる。

　自分で考える力をつけるために，学習面では「何がわからないかがわかる」「わからないことを質問する」という力をつける必要がある。また，ことばで伝える力を伸ばすかかわりや学習時のルールの定着を図ることも重要である。

（1）学習時のルールの定着

　就学後は，「静かに聞く」「手を挙げて発表する」などのルールを守ることに加え，授業の内容にも注目が必要である。発達障害の子どもは，ワーキングメモリや状況理解に弱さを持つことが多いため，授業中わかったことや気になったことを思わず言ってしまったり，みんなが手を挙げてあてられるのを待っているのに気づかずに答えを言ってしまったりすることがある。

　学習時のルールを意識させるためには，「静かに聞く」「手を挙げる」などのルールをシンボル化したカードを用意し，授業の時にはクラス全体に見せてから話をしたり指示を出したりするとよい。また，特にルールに対する注目が弱い子どもは前の席にして，事前に「今からこの『静かに聞く』のカードを出すから，○君も静かに聞いてね」と個別に予告を行うと効果的である。

（2）「わからない」を意識させる

　学習では，当然「わからないこと」「難しいこと」に直面する。そして，「何がわからないのか」「どう解決すればよいか」を考え，解決のためにいろいろな方法を試して試行錯誤したり，調べたりする必要がある。

　しかし，繰り返し練習して「覚える」という習慣がつくと，間違っていても間違いの内容や修正方法を考える機会は少なくなる。また，「間違えた」という結果が出てからやり方や意味を説明されても内容に意識が向きにくく，説明

67

されたやり方や意味を次の機会に思い出して活用することが難しい。

　学習中に困っている時は，「ちょっと難しいね。この問題，わかる？　わからない？」と声をかける。この時，「わかる？　わからない？」と選択肢を出すことがポイントである。「わかる？」という聞き方では，「わかるかわからないかを聞かれている」「わからないと答えてもよい」ということが理解しにくい子どもがいる。また，「わかる？　わからない？」と選択肢を出して聞いても，「わからない＝ダメなこと」という価値づけのために「わからない」と言えない子どももいる。その場合には，「わかる？　わからない？」に加えて「わからないときは先生がヒント出してあげるよ」と，「わからないことを責めるために聞いているわけではない」ということを明確に伝えることが必要である。

　初めのうちは「わからない」と伝えてくれたらすぐにやり方やヒントを教え，「わからないと伝えたらわかりやすく教えてもらえた」という経験を持たせる。「わからない」と伝えることに慣れてきたら，「何がわからないのか」を意識させる段階に移る。この場合は「何がわからないか」を質問して聞き出していくが，質問の仕方で大人側の配慮が必要である。

　発達障害の子どもは，明らかなことばの遅れがなくてもことばの理解や表現に弱さを持つことが多い。そのため，「どうしたの？」「何がわからないの？」という質問では，答えられないことがある。質問をする際には表6-2のような質問のレベルを意識し，子どもが答えられないときや大人側が想定する答えが返ってこないときには，質問のレベルを下げる。表6-2③の答えが限定される質問と表6-2②の選択肢のある質問を使うようにして，「何がわからないの？」と聞いても答えにくそうなときに「読めない漢字がある？　それとも聞いたことないことばがあった？」と選択肢を出すと，子どもが答えやすくなる。

（3）わからないときの援助

　「わからない」と子どもが伝えると，大人は答えを教えてしまいがちである。しかし，高学年で考える力をつけるためには，低学年であっても「自分で判断する」という経験をさせていく必要がある。大人はすぐに答えを教えるのではなく，「答えにつながるヒントを出す」「選択肢を提示してその中から答えを選ばせる」などをして，子どもが自分で答えを決める機会を持たせるようにする。

学び方の学習　第6章

表6-2　質問の種類と難易度（竹田ら，2007より改変）

↑簡単	**①「はい，いいえ」で答える質問** 「運動は好き？」「今日朝ごはん食べた？」などの質問。 その内容を判断し，「はい，いいえ」のいずれか一つを選び答える。
	②答えを選択肢の中から答える質問 「国語と算数とどっちが得意？」「パンとごはん，どっちにする？」などの質問。 質問に答えが含まれており，子どもが答えを選択する。
	③答えが限定される質問 「いつ？」「だれと？」「どこに？」などの質問。 自分で答えを導き出すものだが，答えがやや限定されている。
難しい↓	**④答えが限定されない質問** 「どんなことをして遊んだの？」「遠足，どうだった？」などの質問。 答えの内容や答え方をすべて自分で考える。

　また，辞書をひくことで解決するような内容は，目の前で大人が辞書をひいて調べる様子を見せていくと，高学年や中学生で辞書を使うことへ移行しやすくなる。

（4）間違いを見つける練習

　発達障害の子どもは，文字の書き誤りがあったり問題文をとらえ間違えて答えを間違えたりすることが多い。また，書き誤っていても気づかないことが多い。

　そこで，簡単な文字の書き誤りやケアレスミスによる答えの間違いは，「自分で見つける」という練習をする必要がある。表6-3のように，間違いのある範囲，間違いの内容，間違い数を伝え，間違いを見つけさせる。見つけられない場合は見直し方も具体的に教え，「自分で間違いを見つけて修正する」という力をつけるようにする。

69

第Ⅱ部　領域別の支援の方法

表6-3　間違いの見つけ方

・間違いのある範囲, 間違いの内容, 間違いの数を伝える。

　例）「**この答えの文の中で, たりない字が1つ, 字の間違いが1つあります。**」**と書いておく。**

・見つけられない場合は, 見つけ方を教える。

　例）・**1文字ずつ指さししながら音読させる。**

　　　・**文章読解課題などで抜き書きした文字が間違えている場合は, 印刷されている文字と書いた文字を1文字ずつ見比べさせる。**

4　小学校高学年〜中学生

　小学校高学年では,「間違いを見つける」が自分でできるよう, 見直す範囲を広げたり誤り数だけを提示したりと少しずつ援助を減らしていく。さらに「ことばで考える」「調べる」「見通しを立てる」など, より高度なスキルを教えていく。また, どのような方法が自分に合っているのかを自覚させ, それを意識的に使わせていくようにする。

（1）ことばで考える力をつける

　高学年では「わからない」を伝えるだけではなく,「自分から質問する」という力をつけることを目標にする。通級指導教室や特別支援学級などの個別や少人数の指導場面で練習を行い, 通常学級でも般化できるようにしていく。

　まず, 個別や少人数の指導場面では,「わからないときは自分から伝える」ということをルールにしておく。伝え方がわからない子どもや「自分から伝えなければいけない」ということを忘れやすい子どものために, どのような場合に何と伝えればよいかを提示しておく（表6-4）。

　また, 正解している問題で「どうやってこの答えに至ったか」をことばで説明させると, 自分がわかっていることを自覚するのに有効である。初めのうちは説明の表現が拙いことも多いが,「まず何をしたの？」「どこに書いてあった

学び方の学習　第6章

表6-4　質問の仕方

・読めない漢字があるとき	「この漢字は, なんて読むんですか?」
・意味のわからないことばがあるとき	「〇〇ってどういう意味ですか?」
・やり方がわからないとき	「この問題は, どうやってやるんですか?」
・途中からわからなくなった時	「〇〇までやったけど, ここからどうすればいいですか?」
・そのほか, わからないとき	「先生, わかりません」

表6-5　ことばの説明を援助する

例：「28 + 16（筆算）」の説明とその援助	
子ども(具体的説明)	大人(ルールの説明)
まず,8と6を足して	→ まず一の位を足して
足したら14になるから1って書いて	→ 繰り上がりの1を十の位のところにメモして
残りは4だから4って書いて	→ 一の位の答えを書いて
2と1と1で4だから44	→ 十の位を全部足す

の?」と質問をして促しながら，正解に至ったプロセスを説明させる。それにより，曖昧だったものが「できる，わかる」と自信のある理解に変わる。さらに，個々の問題に出てきた内容で子どもがした説明を，表6-5のように大人が一般的なルールに置き換えて確認すると，ほかの問題を解く際にもルールを意識しやすくなる。

（2）調べる力をつける

　わからないことは人に聞くだけではなく自分で調べることができるようになると，より解決への道筋が増える。わからない内容の中でも調べて解決できそうなことは，「自分で調べる」という方法を教えていく。算数の公式であれば教科書の該当する単元のページを探させたり，社会科の内容であれば資料集などの目次や索引から調べる方法を教えたりして，調べる際の手順を意識させる。

71

第Ⅱ部　領域別の支援の方法

表6-6　辞書の使い方

わからないこと	使う辞書
ことばの意味	国語辞典
漢字の形	
漢字の読み方	漢字辞典
漢字の意味	

　また，国語で「知らないことば」「読めない漢字」などは，表6-6を提示し「何がわからないのか」「それをどのように調べればよいのか」を考えさせる。

　「自分で調べる」という力をつけることが目的であるため，紙の辞書で負担が大きい場合は，電子辞書やタブレットの検索機能などを使わせるとよい。

（3）見通しを持って取り組む力をつける

　中学生になると，定期テストに向けて勉強の計画を自分で立てる必要がある。そのためには，「自分はどれぐらいのペースで課題に取り組むことができるのか」を知る必要がある。

　小学校の段階では，少ない量・時間の計画を立てる練習から始める。「数枚のプリント課題を決まった時間内にする計画」などの練習を行うとよいだろう。

　まず初めに，取り組むべき課題をすべて提示しておき，「すぐにできそうな課題」と「調べたり考えたりするのに時間がかかりそうな課題」に分けさせ，それぞれ何分ぐらいかかりそうか予想を立てさせる。そして，1つずつの課題が終わったときに「何分かかったか」を記録させる。

　最後に目標時間との差を考えさせ，差がなかった場合であれば「何が良かったのか（目標時間が妥当だった，すぐに調べて時間を短くできた，など）」を振り返らせる。また，差が大きかった場合も，「目標時間が長すぎた，短すぎた」のか，「調べずに考えこんでいて時間がかかっていた」のかなど，原因を考えさせる。その結果から，注意すべきところを考えさせたりメモさせたりして次回の取り組みの際に提示すると，「自分の行動を振り返り次の計画に活かす」という経験ができ，見通しを持って取り組むために必要な力がつく。自分で原

因が思いつかないときには，大人から見た状態（ぼんやりしていて手が止まっていた，調べたらわかるのにずっと考えていた，など）を伝え，自分の状態を自覚させることも必要である。

5 障害特性に配慮した支援

これまでに述べた支援に加え，個々の障害特性に合わせた配慮も必要である。

まず，知的障害や知的境界域の子どもであれば，知的レベルに合わせた目標設定が必要である。また，「自分で考えて取り組む」ということよりも，「わからないと伝える」「できたことを報告する」など，支援者とのコミュニケーションに重点をおく必要がある。

ASDの子どもは，学習課題の本質的な意味を読み取ってほかの問題に応用する力が弱い。そのため，表6-5のようなルールの説明はことばで聞かせるだけではなく書いておいて他の問題を解く際のヒントに活用させ，「本質的な意味を意識して取り組む」という経験をさせることが有効である。

ADHDの子どもはミスが多くなりやすい。また，不注意優勢タイプの子どもは時間感覚が弱く，ぼんやりしていて手が止まってしまうことも多い。そのため，質問や取り組み方などのルールを書いておくだけではなく，事前に一緒に確認して内容を意識させてから取り組ませることが必要である。また，ワーキングメモリの弱さに配慮して「問題読んだね，次は何をするんだった？」としていることをことばにして手順を意識させたり，ぼんやりしているときに「手が止まって外を見てるけど，考えてるの？　ぼんやりしてるの？」と他者から見た状態を具体的に伝えて自分の状態を意識させたりすることも有効である。

LDの子どもは，その特性から支援グッズや支援機器を使わせることが多い。これらは与えるだけではなく，使い方を教えていくことが重要である。どのような場面・課題でどのような機器を使うとよりスムーズにできるのか，自分で考え選ぶ力をつけていくことを意識して指導することが必要である。

第Ⅱ部　領域別の支援の方法

【文　献】

竹田契一・里見恵子・西岡有香・秋元壽江．（2013）．*保育における特別支援*．東京：日本文化科学社

竹田契一・里見恵子・西岡有香．（2007）．*図説LD児の言語・コミュニケーション障害の理解と指導第2版*．東京：日本文化科学社

玉井浩（監修）．若宮英司（編著）．（2016）．*子どもの学びと向き合う医療スタッフのためのLD診療・支援入門*．東京：診断と治療社

第 Ⅲ 部
子どもの発達に応じた具体的な実践

第Ⅲ部　子どもの発達に応じた具体的な実践

第7章 幼児期の知的発達の支援

久保山茂樹

1 幼児期の知的発達の支援の動向

　特別支援学校高等部を卒業し，筆者と同じくらいの背丈になった青年がいる。スーパーマーケットで出会うとちょっと高めのピッチの大きな声で話しかけてくる。いきなり「〇〇さんと結婚したいです」とか「お仕事で〇〇円もらいました」などと話しかけてくるので，びっくりするが，表情はいつも穏やかで楽しそうだ。しかし，この青年の幼児期，ご両親の苦労は大変なものであった。家からいなくなってしまうことが何度もあり，他の家に入ってお菓子を食べていることさえあった。しかも，音声言語でのコミュニケーションは難しかったので，それをどう言い聞かせたら良いかわからなかった。

　筆者には，月に1回か2回，ご両親の話をうかがうことしかできなかった。それでも，ご両親はいつも笑顔であった。確かに大変な出来事が多かったが，この青年の得意分野である絵を描くことを大切にし，ほめることを忘れなかった。その結果が，いまの穏やかな彼の姿なのかもしれない。

　彼に出会うたび，筆者を今の仕事へと導いて下さった金野公一先生（発達小児科）の口癖を思い出す。

　「私達がすべきなのは子どもを変えることではない。これ以上難しい子どもにしないことだ。そのためにどのようなかかわりをしたらよいかを考えなさい。そのかかわりを大切にしていれば，必ず穏やかな青年期が来るから。」

　ご両親の育児に根底には，期せずしてこの考え方があったと思われる。

　障害のある幼児への支援については，様々な技法や知見が示されている。大別すれば，子どもの行動変容を促すものと，周囲の者のかかわりや環境を変え，調整するものとがある。

最近は，前者の代表である「応用行動分析」の手法が使われることが多い。子どもの不適切な行動が生起する要因を探り，その行動が発現する直前に，別の行動に置き換えるかかわりを繰り返す。結果として，適切な行動が増えるように促すものである。例えば，音声言語でのコミュニケーションが難しい子どもが泣き叫んでしまうような場合，そうならないうちに，視覚的なコミュニケーションの手段を用いることで，かかわりを容易なものにする。いわゆる「問題行動」が定着しないようになるので，大変効果的だと言われている。

一方，後者の代表は子どもの「心もち」に寄り添うかかわりである。日本の乳幼児期における保育では，倉橋惣三（例えば，倉橋，1936）や津守眞（例えば，津守・津守，2008）に代表されるように，子どもの行動がどのような「心もち」によって生起しているのかを，保育者が子どもとともに過ごすことで想像し，共感しながらかかわりを試みることを大切にしてきた。それは，子どもの行動を直接的に変えるのではなく，子どもの心もちを想像することで，環境を整えたり，保育者のかかわりを変えたりするものである。すなわち，子どもの行動を他動的に変えていくのではなく，子どもが自発的に変えられるように導いていくものである。

この考え方は，幼稚園教育要領第一章総則の冒頭部分に，以下のように述べられている。

「教師は，幼児との信頼関係を十分に築き，幼児が身近な環境に主体的に関わり，環境との関わり方や意味に気付き，これらを取り込もうとして，試行錯誤したり，考えたりするようになる幼児期の教育における見方・考え方を生かし，幼児と共によりよい教育環境を創造するように努めるものとする」。

この考え方によって子どもへの支援を考えるならば，大人が「問題行動」あるいは「無意味な行動の繰り返し」と見なす行動も，子どもにとっては重要で，意味のある主体的な行動であると言える。大人にとって困る行動を止めさせ，他の行動に置き換える前に，その行動を生起させている子どもの心もちの想像し，意味を理解することが重要である。鯨岡（2016）は，こうしたことを子どもと大人の「接面」という概念で整理し理論的に重要性を指摘している。

筆者が幼児とかかわる時は，保育の考え方を基本としている。それは，子どもの自発性を育む上でこの考え方が重要であり，自己決定ができる人であって

ほしいと願うからである。ただし，子ども本人や周囲の人々に不快な状況が続く場合には，応用行動分析の考え方を用いることもある。両者は矛盾するものではなく，使い分けることが重要であると考える。

2　私が携わってきた支援の現場

　筆者は現在，独立行政法人国立特別支援教育総合研究所に研究職として勤務している。研究所は特別支援学校や小・中学校の特別支援学級，通級指導教室における研究やこれらの学びの担当教員への研修，情報発信などを主たるミッションとしている。研究職の中には特別支援学校や小・中学校の教員であった者も多く，研究所としての研究の主軸は，学齢期の課題である。筆者は，その中にあって，学校での教員の経験がないまま，福祉や母子保健の現場で，乳幼児期の子どもやその保護者とのかかわりを中心に学んできた。

　学部学生や大学院生の頃には，障害のある乳幼児とその保護者が通う通園施設でボランティアをしていた。最先端の指導技術を駆使するような施設ではなかった。その反面，子ども一人ひとりの興味や関心に応じて，遊びこむことが普通になされていた。歌遊び，運動遊び，ままごと，造形やお絵かきなど，幼稚園や保育所の保育と何ら変わりがないように見えた。また，その施設にはなぜかカラオケセットがあり，昼食後や遠足の時などには，保護者も子どもも職員も盛り上がっていたのを良く覚えている。この施設が目指していたのは，子どもも大人も安心して自己表現できる場づくりであった。

　いまの職場に勤めてからは，週1回，療育センターの非常勤として障害のある乳幼児やその保護者とかかわらせていただいた時期があった。センターには心理士や言語聴覚士，作業療法士など各種の専門職がいて，先端の療育技法も行われていた。しかし，早期療育の場は遊びが基本であった。どうしたら感覚がデリケートな子どもがどろんこ遊びを楽しむことができるか，どうしたら座位をとることが難しい子どもが公園のブランコを楽しむことができるか，保育職を中心に，各種の専門職が知恵を出し合って試すことを繰り返していた。この早期療育が求めていたのは，子どもと大人の笑顔であった。

　現在は，月に1回程度，1歳6か月児健康診査後のフォローアップ教室の相談

員をしている。また，研究のフィールドは，保育所，認定こども園，幼稚園である。園に在籍する「気になる子」について保育参観をさせていただき，保育者と協議することが筆者の一番の学びとなっている。

3 支援の実際

（1）子どもの行動の意味を広い視野から理解するという支援

4歳児クラスの男の子，Ａさんである。当時，園では，たいていの時間，クラスのベランダで，ひとりで遊んでいることが多かった。その日もベランダで寝転がっていたＡさんが，突然立ち上がって支援の先生の手をひいて園庭に出ていった。ジョウロに水を入れてもらい，一緒にプランターに撒きはじめた。しかし，すでにプランターには十分に水が撒かれていた。にもかかわらず，Ａさんはどうして水を撒いたのだろう。

Ａさんは，自閉症の診断を受けていた。自閉症の特性を念頭にこの行動を解釈すれば，自閉症のある子どもの特徴の一つである「こだわり」であると捉えられるだろう。もしかしたら，Ａさんは，雨の日でも，あるいは，すでに水が撒かれた後でも，こだわりとして毎日水やりをしているのではないかと考えた。しかし，支援の先生に話を聞くと全くちがう答えだった。

Ａさんは，5歳児クラスの子どもたちが「当番活動」として水やりをする様子をしっかりと見ていた。5歳児クラスの子どもたちがクラスの部屋に戻った途端，水やりを始めたのだという。だとすれば，水やりの行動は「こだわり」として「してしまう」行動だとは解釈できない。5歳児の姿に触発されて意図的に自発的に行ったことである。

Ａさんは，集団活動に入ることが難しいし，まわりの子どもと一緒に遊ぶことがないなどと言われていた。しかし，この水やりを見る限り，年長児たちに関心を持ち，自分もやってみようという心持ちが芽生えていたと考えられる。支援の先生は，Ａさんの心もちに寄り添い，心もちを形にした。

Ａさんが，まわりの子どもに関心を持っていることを園全体で共有し，先生方は，無理に集団参加を求めることはせず，Ａさんが保育室に入ることを待つ

ようにしていた。そして，徐々に保育室にいる時間が長くなってきた。自閉症のこだわりとしてこの水やりを理解していたら，考えつかないかかわり方であろう。障害特性から子どもを見ることは子ども理解を狭いものにする。

そんなある日のこと，クラスの子どもたちが昼食の準備のために，一斉に立ち上がって手を洗い始める場面があった。しかし，Aさんは，動かずに座ったままだった。支援の先生は，すぐに声をかけず待っていた。すると，一人の子どもがAさんの横に並び，背中に手を当てて，静かにトントンと叩いたのである。トントンに「はっ」とした様子でAさんも準備を始めた。

子どもの横に並び，背中に手を当てるという姿は，とても自然で柔らかなものであった。決して無理強いはしないが，「Aさん，一緒にやろうよ」と静かに誘う姿，それは，まさに支援の先生が日々Aさんにしている姿であった。

支援の先生を含め，保育者が子どもに接する姿，それを子どもたちはよく見ている。そして，それを取り込んでいく。保育者のかかわりが適切なものであれば，それは，子ども同士の関係作りにつながっていく。大人にとって気になる子どもは，子どもだって気になるのである。

Aさんが集団に入ることを促すことも大切であるが，周囲の子どもたちの「Aさんとかかわってみたい」という心もちを形にする支援が大人によってなされるとき，集団場面での学びが始まる。

（2）子どもの好きなことを保育に取り入れるという支援

5歳児クラスの朝の集まりの光景である。朝のあいさつや先生の話，体操，歌遊びなどが続く。しかし，「はらぺこあおむし」の絵本を読んだままの男の子Bさんがいた。先生は，Bさんには声をかけないまま朝の集まりを進めていった。筆者は「とりあえずまわりの子どもに迷惑がかからなければ良い，この場にいれば良いという方針なのか」と考え始めていた。

すると，先生は「さぁ，今日もBさんの大好きな，『はらぺこあおむしの歌』を歌いましょうか」と提案した。「やったー！」と言って，Bさんは立ち上がり，まわりの子どもたちも「イェーイ！」と大喜びした。全員が大きな声で，しかも，きれいな声で歌い始めた。Bさんは，それまで絵本にばかり向けていた視線を，まわりの子どもや先生に向けて笑顔になった。これ以降，集団の中

で活動し，そのまま朝の集まりは終了した。

　このような場面で，朝の集まりの最初から，Ｂさんが集団の中で活動できるようにはたらきかける方法もあったであろう。絵カードやタイマーなどを用いる特別な方法を活用すれば，その子はとりあえず輪の中には入ったであろう。しかし，途中から嫌がってしまい，集団の活動が乱れてしまうことも考えられる。そうなってしまうと，「またＢさんのせいで……」と，まわりの子どもがＢさんを見るまなざしが厳しいものになったかもしれない。

　一方，一人で絵本を読むのなら，別室で過ごしたほうが良いという考え方もあるだろう。そもそも，クラスで活動をしている近くで，ひとりだけ絵本を読むという別の活動をする子どもがいたら，他の子どももつられてしまうので良くないという考え方もあるだろう。

　しかし，このクラスの先生は，いずれの方法もとらなかった。集団の活動に参加するかどうかの判断をＢさんに任せていた。正確に言えば，Ｂさんだけではなく，クラスの子ども全体に対しても任せていたのだと思う。任せることができるだけの準備を先生はしていた。

　先生は，朝の会を子どもたちの好きな活動で構成していた。その中に，集団の活動に入ることが難しいＢさんのための歌を入れることを忘れなかった。「はらぺこあおむし」の歌を入れたら，Ｂさんも参加するだろうという確かな見立てがあった。だから，実際にＢさんが歌い始めたときは，Ｂさんに注目し，ほめ言葉をしっかりとかけていた。また，絵本を読み続けることについては敢えて注意しなかった。絵本を読みながらでも，他の子どもと同じ場にいることをＢさんなりの「参加」と捉えていた。

　ここで重要なのは，Ｂさんだけが，大切にされているという思いを，まわりの子どもたちが持たなかったことである。朝の集まりの内容には，他の子どもたちが好きなことを取り入れていたし，普段の保育の中で一人ひとりの子どもと向きあうことを大切にしていた。まわりの子どもたちも「自分が大切にされている」という実感があったであろう。

　保育者の考え方やまなざしが周囲の子どもたちに与える影響は大きい。保育者の言動はそのまま周囲の子どもたちに映り，子どもたちの言動として移っていくからである。

第Ⅲ部　子どもの発達に応じた具体的な実践

（3）子どもの様子を見ながら待つという支援

　4歳児クラスのプール遊びの後のことである。このクラスの女の子Cさんは，プールからなかなか出ようとしなかった。他のクラスの先生も加わってあの手この手で出そうとした結果なんとかプールから出たが，その後も，クラスの輪の中には入らず，担任の先生に「先生なんかきらい！」「あっちに行け！」など良くないことばを大声で言い続けていた。Cさんの行動を，行動の切りかえの難しさ，とか，乱暴で行動に制御がきかないなどと捉えれば，それはCさん個人の課題である。そして，その課題の解決に向けて，絵カードやタイマー等の特別な方法を講じることになるだろう。

　しかし，この園の先生たちは，Cさんと担任の先生との関係性に目を向けた。

　「もう少し様子を見たいなぁ」

　なんとか，Cさんの行動を改善したいと願いつつも，手詰まり気味の担任に対して，ベテランの先生が，さりげなく発言した。

　「様子を見る」ということばは，特に早期支援の場において無責任の代名詞のように扱われているし，筆者も意識的に用いないようにしている。しかし，この時の「様子を見たい」には，無責任さを感じなかった。

　「大丈夫，あの子は先生のことが大好きなんだよ」

　「だから，その子に意識的にかかわってみようよ。きっと変わっていくから」と他の先生からも発言が続いた。先生方は，プールから出ない行動や集団に入らない行動等を，Cさんと担任の先生との関係が十分に育っていないことから生じているのではないかと推察した。つまり，Cさんの行動を変えようとするのではなく，時間がかかるかもしれないが，Cさんが安心できる関係作りをするという方向性を確認したのである。

　ことばだけではない。その後の保育では，園長先生や主任の先生も含め，他の先生がこの4歳児クラスに入ってクラス全体を見守り，Cさんと担任の先生が個別的にかかわる時間やゆとりを作り出した。こうして，園全体として，Cさんと担任の先生との関係作りを支えていったのである。

　子どもと関係性を，子どもの様子を見ながら構築するのは保育者にとって容易ではない。保育者のかかわりにも課題があることを意味するからである。そ

れは，保育者を悩ませ，苦しめることにもつながる。実際，保育所，こども園，幼稚園では，「私が担任でなければうまくいっているはずなんです」とか「あの子は私のことが嫌いなんだと思うんです」などと，涙ぐんで話す先生に出会うことがある。それほどに，子どもとの関係を見つめ直したり，関係を構築しようとしたりすることは困難なことだ。絵カードやタイマー等を用いることに比べたら，はるかに苦しく，厳しいはずだ。

　それを解消するには保育者同士のつながりが重要になる。この園には園全体で子どもや保育者を見守るつながりが形成されていたからこそ，待つことができた。特別な方法や即効性のある手段に頼ることなく，子どもとの関係を気づくことができた。そこには，じっくりと子どもの様子を見ながら待ち，安心できる関係を少しずつ築いていこうとする幼児教育の本質が感じられた。

（4）子どもの行動の邪魔をしないという支援

　5歳児クラスの男の子Dさんである。全体的に発達がゆるやかで，園では，自分の好きな遊びをいつまでも繰り返すことが多かった。自分の好きな遊びに取り組むときはいつも笑顔だった。筆者のようにたまにしか会わない大人であっても，Dさんの遊びを邪魔しなければ笑顔で遊ぶことができた。しかし，こちらから遊びを提案したり，集団の中に入ることを求めたりすると，すぐに表情が険しくなり，どこかに行ってしまっていた。

　ある日，朝のあつまりが終わると，Dさんは，バケツとコップと茶碗を持って，園庭に出ていき，園庭のど真ん中に座った。そして，コップで砂をすくっては茶碗に入れ，巧みにひっくり返して茶碗を取り，ドーム型の砂の山ができるのをうれしそうに繰り返した。何度も何度も繰り返し30分以上していた。

　まわりでは，サッカーや鬼ごっこなど，動きの激しい遊びが始まっていた。園庭のど真ん中にDさんがいるので，少し邪魔なのだが，だれも文句を言わなかった。同時に，Dさんに直接かかわろうとする子どももいなかった。先生方も子どもたちとサッカーや鬼ごっこに夢中で，Dさんとは，直接かかわってはいなかった。このままではDさんは，ずっとひとり遊びになってしまうと筆者は思った。しかし，しばらく見ていると，あることに気がついた。

　Dさんは，砂の山の形がきれいなドーム型になると，うれしそうに「おー！」

と言って周囲を見回していた。すると，その時，たまたま近くにいた子どもが
Dさんと目を合わせ，「おー！」などと声をかけていた。Dさんはその声かけ
にしばらくにっこりした。しかし，声をかけた子どもは，すぐに自分の遊びに
戻っていくのだった。その子の姿は「直接は遊ばないけれど，君がしているこ
とを見ているよ，気にかけているよ」というようなメッセージに見えた。他の
子たちも同じようにしていたし，先生方もしていた。もしかしたらDさんは，
こんなやりとりを期待して，園庭のど真ん中に座ったのではないだろうか。

　先生がもっとはたらきかけて，まわりの子どもとかかわらせたり，遊びに巻
き込んだりすべきだとの考え方もあるだろう。しかし，この日，先生方は，D
さんが，充分に主体的に遊んでいたと捉えていた。それはDさんの笑顔や
「おー！」とうれしそうな声を出す姿，そして，園庭の真ん中で30分以上没頭
して遊び続けた姿を見守っていたからであった。

　支援というと，大人が何かしなくてはならない，子どもに何かをさせてなく
てはならないと考えがちである。しかし，この園のようには，大人が何もしな
いという支援もあるのではないだろうか。邪魔をせず見守ることが子どもの自
発性を育て，まわりの子どもとの自然な交流を生むこともあると思われる。

4 将来に向けて

　ここで取り上げた支援は，どれも障害の子どもを直接的に変えようとするも
のではなく，保育者のかかわりを変えたり，環境を整えたりするものであった。
これまでは，どちらかというと障害のある子どもが，がんばって変わることを
求められていた。ぽれぽれくらぶ（1995）は，障害のある子どもを育てている
保護者が本音で語っているが，その表紙には印象的なイラストがある。買い物
に行ってきた障害のある子どもとその母親が，善意のかたまりのようなおじい
さんに「がんばれ」と声をかけられている。しかし，母親は「スーパーで何を
頑張れっていうのだ……」という心のつぶやきを言えずに口を閉ざしているの
である。本文中にも「がんばれの大合唱が聞こえる」との記述がある。

　いま，日本は共生社会の形成をめざしている。中央教育審議会（2012）は，
「『共生社会』とは，これまで必ずしも十分に社会参加できるような環境にな

かった障害者等が，積極的に参加・貢献していくことができる社会である。それは，誰もが相互に人格と個性を尊重し支え合い，人々の多様な在り方を相互に認め合える全員参加型の社会である。このような社会を目指すことは，我が国において最も積極的に取り組むべき重要な課題である」（初等中等教育分科会報告）と述べている。つまり，障害のある人の社会参加を一層進めていくには，これまでのように障害のある人の努力に期待したり，頼ったりするのでなく，障害のある人にどこまで合わせることができる社会を実現するかが重要だということだと筆者は理解している。その社会作りは「ここまでできたらおしまい」というゴールはない。常に変化し続けいていくことが重要である。

　その社会作りには，障害のある人の社会的な障壁を取り除くために合理的配慮の提供が求められる。保育場面で言えば，子どもに応じた個別の支援の提供である。保育場面における合理的配慮の提供には，適切な子ども理解と個別の指導計画の策定，それに基づくかかわりと振り返りというプロセスの繰り返しが重要である。しかし，函館市立はこだて幼稚園（2015）が「幼児一人一人の特性に応じた特別支援教育は，一人一人の幼児の姿を丁寧に見取り，適当な環境を整え，遊びを通した教育を進める幼稚園教育の考えそのものである」と述べているように，このプロセスは保育現場にとってなんら特別なものではない。これまで，保育所，こども園，幼稚園が培ってきた専門性をさらに磨いていくプロセスそのものであると筆者は考える。

【文　献】

鯨岡　峻．（2016）．*関係の中で人は生きる：「接面」の人間学に向けて*．京都：ミネルヴァ書房．

倉橋惣三．（2008）．*育ての心（上）*．東京：フレーベル館（初版は1936，刀江書院）

中央教育審議会初等中等教育分科会．（2012）．*共生社会の形成に向けたインクルーシブ教育システム構築のための特別支援教育の推進（報告）*．

津守　眞・津守房江．（2008）．*出会いの保育学：この子と出会ったときから*．相模原：ななみ書房．

函館市立はこだて幼稚園．（2015）．深めよう　つなげよう　特別支援教育〈提案２〉．*第64回全国幼児教育研究大会北海道大会要項*．

ぼれぼれくらぶ．（1995）．*今どき，しょうがい児の母親物語*．東京：ぶどう社．

第Ⅲ部　子どもの発達に応じた具体的な実践

第8章 児童・生徒の知的発達の支援
——運動や学習課題を介した人間的交流の実践

吉田英生

1 はじめに

　児童・生徒の発達支援は，幼児期における早期発見・早期療育の流れを受けて，発達障害等がある児童の特別な教育的ニーズを把握し，学校がチームとして組織的に指導・支援をすすめることが期待されている。

　学童期の指導・支援は，通常の小・中学校の場合，特別支援学級での少人数指導，通級指導教室での個別もしくは少人数指導，通常の学級での配慮指導によって進められる。

　2020年度から全面実施される新学習指導要領では，特別支援教育の充実が図られている。個々の児童生徒の障害状態等に応じた指導内容や指導方法の工夫を組織的かつ継続的に行うこと，特別支援学級及び通級による指導に関する教育課程編成の基本的な考え方を周知すること，個別の教育支援計画並びに個別の指導計画を作成し，活用に努めることなどが明記されている。さらに学習指導要領の解説編では，全教科で，障害がある子どもに対する手だてについての記述が，子どもの学習上の困難さの状態を切り口として，配慮の意図と手だてとともに具体的に示されている。

　このように，特別支援教育は学校教育すべての場で実施されていることを示し，一人一人の教育的ニーズに応じた教育実践が求められているのである。

　特別な教育的ニーズの把握のためには，標準化された発達検査等を活用したアセスメントを実施することが必要である。しかし，それだけではなく，日常的な児童の観察はもちろん，学校における友だちとの関係や家族の願いなど，多面的・多角的に児童の実態を把握することが大変重要である。また，「この子どもは自閉症スペクトラムだからこうすればよい」というような医学モデルを

ベースにした指導支援だけに陥らないことも肝要である。

　学童期に，学習上の困難，生活上の困難にぶつかった児童は，周囲から問題行動と指摘される行動状態を示しがちである。その不適応行動等を主訴に通級指導教室に来室した児童への発達支援について述べる。

2 通級指導教室による発達支援の実際

（1）通級指導教室について

　通級による指導は，通常の学級に在籍する児童の特別な教育的ニーズに対応して，特別な教育課程を編成し，「自立活動」として一部特別な指導を実施するものである。

　自立活動とは，障害がある児童生徒の日常生活場面や学習場面で生じる様々な困難を改善・克服するための指導である。通級の形態は，週1回程度60分から90分間程度の指導を行う場合が多い。

　自立指導の内容は，6区分26項目が学習指導要領に示されている。その中から個々の児童生徒につけたい力に焦点を絞り，いつまでに，どのような方法（題材・教材）を使って，「何を」「どのように」指導するかを見通し，計画を立てる。そして，教師は児童生徒の学習生活や暮らしに入り込むような視点を持ちながら，1時間ごとの指導の成果を振り返ることが大切である。

　通級指導の対象となる児童は，次の障害がある児童とされている。①言語障害者，②自閉症者，③情緒障害者，④弱視者，⑤難聴者，⑥学習障害者，⑦注意欠如多動性障害者，⑧その他（略）である。通級による指導を受ける児童生徒は，近年増加の一途をたどっている。筆者が，通級指導元年となる1993年（平成5年）度に通級による指導に当たった当時は，全国でその対象者は12,000人程度であったが，2006年（平成18年）度には約40,000人，2018年（平成30年）度現在は，100,000人に近づいている。筆者が通級による指導をおこなった児童は，その多くが「アスペルガー障害」「高機能自閉症」等の診断を受けた自閉症スペクトラムタイプの児童である。通級による指導を受けている自閉症スペクトラムタイプの児童は，全国的に増加の一途をたどり，2006年（平成18

第Ⅲ部　子どもの発達に応じた具体的な実践

年）度の約4,000人から2016年（平成28年）度には約16,000人となっているのが現状である。

3 支援の実際

（1）不器用さと対人関係の課題がある子どもへの指導

　ハジメ君（仮名）は，小学校3年生である。自閉症の診断があり，担当医からは「脳波に異常がある」「カッとなりやすい」「文章題が難しくなっていくだろう」「社会ルールなどを絵で示すことなどがよいだろう」と伝えられた。

　学校の勉強は，できる方で，単元テストで90点以上は常にとっていた。しかし，人に対してしつこく同じことを話すなどするため，友だちをうまくつくることができないようであった。嫌なことがあったら，本人曰く「頭の中が真っ白になって」「僕なんか死んだ方がいい」とナイフを手にしたこともあるとのことであった。

　ハジメ君は，知的発達については年齢相応の力を持っていると考えられた。心理検査でも標準域にある児童である。四コマ漫画を使ったストーリー作りをさせてみても，場の状況，登場人物の心情，失敗場面での原因なども理解しており，説明する力もあった。一方，運動，特に多くの身体部位を協応させる運動が極端に不器用であった。

　筆者は，「通級指導教室にやって来る子どもは，初めて連れてこられたこの教室をどう感じているのだろう，何を楽しみに来るのだろう」と子どもの立場で考えた上で指導方針を立てている。

　通級した初日に，プレイルームで野球に誘ったところ，ハジメ君はボールを前に投げることができなかった。両足を揃えたまま体を奇妙にねじらせて腕を振らずに投げようとしており，表情はひきつっていた。その姿を見た時，（おそらく本児は，学校の休み時間に男子の遊びの輪には入れないだろう。「へたくそ」とバカにされることもあるかもしれない）と感じ，「僕にもできる」体験をさせて帰すことを最優先の課題とした。

　ハジメ君に，「野球で勝ちたい？　負けたい？」と尋ねると，「どっちでもい

い」と答えたので，「本当は勝ちたいでしょ」と返すと，「ウン，本当は勝ちたい」と言った。普段は本音を隠し，不安や自信のなさから適当な言葉を口にすることが多いのだろう。このような子どもに対しては，内面にある本音を引き出した上で努力を促すことが大切である。細やかに技能を教え，並行して対人関係改善につながる言葉や仕草を教えるなどして，「僕でもできる体験」をさせる。それは傷ついたプライドを取り戻し，やる気や努力を復活させるきっかけになる。

初日の指導の中で投げる動作を指導した。両足を開くこと，両腕を上げ，利き腕を耳の上に上げること，左手と視線は狙う方向に向けること，体重移動をさせて投げることを一つずつ教えたところ，的にボールを当てることができるようになって，ハジメ君は大喜びであった。

その後は，小集団での対人課題に出くわした場面での，適切な方法を学ばせること，協応運動でのできる動きを増やすことを指導の目標とした。

場や状況に合わせた具体的な行動や言葉を通級指導教室で学んだハジメ君は，学校での友だち関係もスムーズになっていったようであった。「どうせ，できないし」「やりたくない」といった口癖も少なくなり，カッとなってどなることもなくなり，文章題が難しくなることもなく，優秀な成績で小中高の学校で学んでいった。

ハジメ君は，「できないことがある自分」をどうすることもできず，人と比較し，焦り，落ち込み，時に感情を爆発させていた。それは，やってみようと一歩踏み出す度に失敗と嘲笑に出会ってしまう世界だったのかもしれない。ハジメ君の世界を変えた「初めの一歩」は，「みんなと同じようにボールを投げることができる」体験だった。「みんなと同じようにやりたい，僕もやったらできる」と体感したことが自信につながった。

自分が苦手とする課題を克服した経験は，初めて出合う課題，困難に対しても，「どう対処すればよいか」「どのように行動すればよいか」と前向きに考える姿勢を育てる。そのような学びの経験は，子どもの発達を支える上で不可欠であると考えている。

第Ⅲ部　子どもの発達に応じた具体的な実践

（2）何かに突き動かされるように動く多動な子どもへの指導

　ツギハル君（仮名）は，自閉症の診断がある小学校1年生である。知的発達については年齢相応で，心理検査結果でも標準域にある児童である。自分の周りにある刺激に常に反応し，大きな音や怖いことに過敏であった。目に入るものには興味津々で，常に周りをキョロキョロと見回し，通級に初めて来た時も「あれは先生が買ったものなの？」と尋ねたり，「ボクはねぇ，このズボンがお気に入りなの」と気になることをいつも口にしたりしていた。とにかく独り言が多いが，本が好きで，好きな本ならばしばらくは没頭して読むことができる。気持ちが向けば，勉強はやる気があり，ひらがな文字は，全部覚えていて書くことができる。しかし，保育園生活にはなじめず，友だちを叩くことがあり，先生からは叱られていた。みんなと同じ部屋にいることがしばしばできなくなる子どもであった。

　ツギハル君は，日常生活では，目に入ること，感じたことを常に口にして，刺激に突き動かされるように動き，内面から湧き出るものをあふれ出させていた。真っすぐに立てず，歩き方がフラフラしていて，ちょっとした段差で転ぶことがしばしばあった。目の前にあるものには手を出し，嫌だったら人を叩き，怖いことには決して近寄らない生活を送っていた。「いろいろなことを知っている，勉強はできる，明るく元気な子」と見られていたが，「変わっている子」とも見られていた。

　我が子がかわいくてたまらない両親は，走り回るツギハル君の後ろを追いかけて，「ありのままの姿」を受け止め，がんばって子育てをしていた。しかし，小学校に入った途端に，環境の変化になじめず「小学校に行きたくない」とさらに不安定になっていく子どもの姿に心配は募り，通級指導教室の門を叩いた。

　見えるもの全てに反応し，思うままに動き，嫌なことは「イヤ」とだけ言うことで，孤立していく子どもがいる。知的な発達が本来の道筋に乗るためには，学びを阻害する衝動行動をコントロールする術を身につけ，学習に向かう態度を育てる必要があると考え，指導にあたった。

　子どもと大人が，互いの好きなこと，得意なことを通してつながりを深め，その中で子どもは能力を高めていく。したがって，通級指導でも，子どもがや

児童・生徒の知的発達の支援　第8章

りたいこと，好きなことを題材，教材として選ぶ場合が多い。しかし，ツギハル君との学習は，最初は興味がないこと，やりたくないことを題材にした。具体的には，マットの上での運動とプレイルームでのサッカー，絵を見て教師とお話をすることなどである。

　教室にやってきたら，「今日のお勉強メニュー」を伝え，マットの上での運動に誘う。ツギハル君は，「何するの？」「マットはできないよ」「転んだら痛いね」などとしゃべるので，「運動の時は，口を閉じて。十数える間できたらよい子だよ」「足の裏をきちんとマットにつけられるかな？　上手だね」「背中が伸びている良い姿勢だ。二重丸」「曲がった背中をピンと伸ばせるかな？　自分で直すなんて，三重丸」と，体を支えながら矢継ぎ早に動きの指示をし，できたことを評価しほめた。そして，指示を聞いて活動できたことを「よい子ノート」（写真8-1）と名付けたカードに書き込み，丸を書きこんでいった。

　カードの丸を目にすると頑張るツギハル君であったが，当初はすぐに挫折していた。最初にマットの上に横になった時は，口，手足，躯体を常に動かし，片膝立ちの姿勢をとらせると背中を真っ直ぐに保持することさえできずにいた。しかし20分間ほどの練習を何度か経験した後は，何分間もじっと姿勢保持をすることができるようになった。後には，バランスをとる難しい姿勢にも挑戦させた（写真8-2）。

　ツギハル君は，通級指導を重ねるうち，次第に思うがままにおしゃべりをすることが減り，先生に尋ねてから動くようになり，マット運動だけでなく「ボク，がんばります」とサッカーやプリント学習にも取り組んだ。

　見えるもの，感じること全てに反応してしまうかの如き言動に「間（ま）」

写真8-1　よいこノート

写真8-2　マット運動の様子

がとれるようになったら、わからないことを人に尋ねて適切な行動をとれるようにもなっていった。人からの助言や助力を受け入れ、周囲からの情報を適切に取り入れることで、難しい課題も乗り越え、子どもの力は伸びる。上手になろうと場面に対して集中できる力が、学びを広げていく。

次第にツギハル君のフラフラしていた動きとヘラヘラしていた表情は引き締まり、母親と買い物に行っても言われたその場でしばらく待つことができるようになっていったそうである。

1年後、ツギハル君は、縄跳びで57回跳べるほどしっかりした動きができるようになっていた。学校では、休み時間にはケンカをすることもほとんどなく友だちと遊ぶようになった。「よい子ノート」の中に書かれていることのうち、「遊ぶ時には声をかける」「黙って考える」「言われたらすぐにやる」などは、本人曰く「百丸」だそうで、自信を持っていた。

通級指導教室でも、活動内容を主体的に決めて、苦手な国語の読み取り学習を行っていた。教科書の文字と写真を眺めるだけでなく、説明文教材を読んだ後に、文中から「わからないこと」を見つけ、教師に質問したり、文を読み直したりして自学自習をするようになった。1年生なりに書かれている内容に問いを持ち、内容の背景などを考え、ノートにも書いていた（写真8-3）。

ツギハル君を「ありのまま受け止める」とは、「一人の1年生の子ども」として尊重し関わることである。言動の課題をそのままにせず、適切な指導と必

写真8-3　こくごノート

要な支援を行いながら，子どもの努力する姿も引き出さなければならない。発達期にある子どもの脳は弾力性があるといわれる。刺激に反応しやすいという特性や過敏さも，人間関係を通した励ましで支えれば，変わり得る。確かに子どもは教師が考える以上の伸びを見せることがある。働きかけに対する拒否や抵抗があっても，スモールステップで「小さな〇」を実感させて積み上げることが子どもの自信につながり，自信は能力も高めることにもつながるのである。

（3）言葉のない世界に生きる子どもへの指導

　ミツオ君（仮名）は，小学校1年生の時点で「バイバイ」しか言えない子どもであった。1歳半で発語が消えており，「折れ線型の自閉症」「運動性小児失語症」の診断を受けていた。「周りの人との関係をもちにくい」「ことばでのやりとりがうまくできない」「活動，興味などのレパートリーが狭く，パターン化やこだわりが見られる」などの自閉症状があり，知的発達の伸びも懸念されていた。

　5歳半頃から「ママ」「ブブ」など2音節の口唇音の模倣ができるようになったが，単語は言うことができない。注意を向けられるスパンが短く環境刺激に引っ張られ，多動で走り回り，知的障害があったが，地元の小学校に入学していた。「えんぴつ，ちょうだい」と指示すると，えんぴつを手渡すことができる。手遊びをして見せると，だいたいの動きの模倣はできる子どもであった。

　家族は，重い障害がある我が子には，友だちもできず学校ではいじめに遭うのではないかと心配し，「言葉もしゃべれないこの子の気持ちをわかってやれない」と途方に暮れていた。

　指導にあたっては，人と共感的に遊び，学習，手伝い等に取り組む経験を積みながら，言葉によるコミュニケーション能力を育てることが喫緊の課題だと考えた。そこで，指導のねらいを次のように立てた。

①指導者とのあそびを通して，コミュニケーションが成立する経験をさせ，人と共感的に関わることができるようにする

②文字を手がかりにして，音声による言葉を獲得させ，主体的に自分の意思を伝えることができるようにする

③運動，動作などの活動を通して，自分の体をコントロールすることができるようにする

　まずは，視覚的な教材（絵や文字）を使ったり，パターン認識を利用したりして，音声言語のスキルを獲得させることとした。

　具体的には，同じ絵カードをマッチングさせる課題を課題学習の入り口とした。指導者が書く線を模倣して書く「定位模写」，色カードを提示した後に「アカ（赤）」などの音声を模倣させる音声模倣，「馬（ウマ）」「靴（クツ）」「鳥（トリ）」「桃（モモ）」などの絵カードと「ウマ」「クツ」「トリ」「モモ」などの文字カード，書字，音声模倣などのマッチング学習を進めた（写真8-4）。

　また，運動指導において，動作課題を設定し，不要な動きを徹底して止めた。人を意識し，共感性を高めるために，指導者とペースを合わせて歩かせた。そして，手遊びでの動作模倣を繰り返したり，歩くこと，走ること，止まることを意図的に入れたリズム運動をさせたりした。また，指導者の言葉に合わせて，ゆっくりと腕等を動かす指導などを通して，基本的な日常動作を獲得させる学習を進めた。経験を重ねるうちに，「歩く，止まる」といったシンプルな動きだけでなく，「反対（に走って）」と指示すると反転して走ったり，ボールを使って「投げる」「転がす」「ける」といった動きも聞き分けてできたりするようになっていった。手遊びでも，繰り返される動きを，（早くやって）と期待感を持って教師を見つめ，動きを催促するような仕草，表情も見られるようになっていった。

写真8-4　マッチング絵カード

児童・生徒の知的発達の支援　第8章

　ミツオ君は，特別支援学級在籍の児童であったため，通級による指導対象児童ではないが，通級指導教室には，継続的な教育相談を兼ねて特別支援学級担任者と共に来室し，指導方針，指導内容の共有，指導スキルの伝達などを行いながら成長を見守った。学校の担任と協同して指導にあたることによって，本児の能力の伸長だけでなく，関わる周りの友だちへの指導も適切に行われ，障害への理解がある学校となっていった。

　3年生になった時点では，単語でのやりとりが主ではあるが，意思を疎通できるだけの日常会話ができるようになった（写真8-5）。

　学校生活でも友だちに囲まれ，一緒に給食を食べたり，行事に参加したりし，各教科の授業では交流学習を多く取り入れた教育課程の中で，様々な経験を積み成長していった。

　現在20代の青年期にあるミツオ君の年賀状には，「30歳を前にして，ミツオの言葉は最近また広がってきたように思います。こんな年になっても人間は成長することを実感しています」と母親からの言葉が添えられている。

　「できないこと」を入り口に出会う子どもたちへの指導・支援の実践は，人間の可能性の深遠さに感動し，眼前の子どもの姿をエビデンスにして，研究と修養を重ねる教師の姿勢が支えるものであると思う。

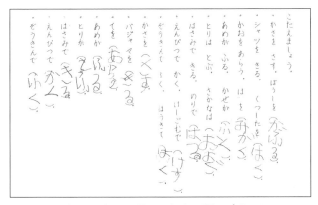

写真8-5　ミツオ君の3年生の頃のプリント

95

第Ⅲ部　子どもの発達に応じた具体的な実践

4　知的発達を支援する教育とは

　「教育」にあたる英単語は「education」であり，その語源は，「引き出す」という意味である。子どもには元来育つ力がある。しかし，中枢神経系の障害が推察される障害が故に，個としての育つ力が発揮されにくいのがこの子どもたちである。

　表出されにくい子どもの内面を推察し，前向きな言葉をかけ続け，教師による積極的な関わりがあってこそ，子どもの育つ力は引き出されるのではないかと感じている。人を信頼できる経験をベースにして，できる実感がある活動を行い，本人が納得して努力を積んだことは自信にもなる。障害による認知の特性や過敏さがあっても，運動や学習課題を介した人間的な交流を通して，子どもの知的発達を支えることができ，子ども自身の肯定的自己認識も育つのではないだろうか。

　障害特性に応じたアセスメントを多角的に行うと同時に，子どもが暮らす日常世界に入り込み，一人の子どもの課題について，家族や多くの関わる人と共に考え，指導・支援することが大切であると考えている。

【文　献】
文部科学省．（2012）．*通級による指導の手引き：解説とQ＆A*．大分：佐伯印刷．
片倉信夫．（1994）．*僕が自閉後を話すわけ*．東京：学苑社．
石井　聖．（1993）．*自閉を超えて*．東京：学苑社．
今野義孝．（1990）．*障害児の発達を促す動作法*．東京：学苑社．

第Ⅲ部　子どもの発達に応じた具体的な実践

第
9
章

青年期の知的発達の支援

湯澤美紀

1　はじめに

　学校教育を今まさに終え，社会への入り口に立っている青年の姿を想像して欲しい。青年の目の前にある道は，自らが選んだものであろうか。そして，希望をもって，その第一歩を踏み出そうとすることができているのであろうか。

　学校教育を終える時，青年は自らの進路を選択する必要がある。文部科学省の2014（平成26）年度の資料データによると，特別支援学校高等部の卒業者の状況は，進学は2％，就職は28％，社会福祉入所・通所が64％，その他が3％となっている。卒業後，青年は，社会との繋がりをもちながら，新たな生活の場を得ていくが，そこに至るまでの教育は，生徒の生涯にわたる生きる力の基盤となる。

　2020年度から全面実施される新学習指導要領においても，発達の支援として「社会的・職業的自立に向けて必要な基盤となる資質・能力を身に付けていくことができるよう，キャリア教育の充実を図ること」が目指されている。青年の自立につながるよりよい教育のあり方が，今，問われている。

2　筆者が携わってきた支援の現場

　筆者は，幼児を対象とした発達心理学を専門としている。学生の頃から，幼稚園や保育園に訪問させていただき，ともに遊んできた。子どもは，大人が想像する以上に，まじめに世界と向き合い，時につまずき，時に「ぐんっ」と成長をとげる。あたりまえではあるが，一人ひとりに成長の物語があることをそこで学ぶことができたように思う。そうやって保育の場に身を置いていたが，

第Ⅲ部　子どもの発達に応じた具体的な実践

ある子どもとの出会いがきっかけとなり，その先の子どもの成長にも関わっていきたいと思うようになった。

　タケシくん（仮名）は，自閉症のある5歳児であった。登園するとすぐに，電車の図鑑を広げて両手で机をたたくのを習慣としていた。最初は小さい音でゆっくりと始まるが，すぐに両手の動きは加速し，激しく机をたたき始める。電車の発車音であった。その音の大きさに耳を塞ぐ子どももいたが，数日たったある日，保育者は，クラスの真ん中に大きな紙を広げ，タケシくんに地図を描くよう促してみることにした。きっと，タケシくんの心象風景を他の子どもたちとも共有したかったのだと思う。みるみる描き出される線路や道路を周りの子どもが覗きこんでいる。その地図の上をタケシくんがおもちゃの電車を走らせ始めると，周りの子どもが次々と「いれてー」と声をかけた。実は，その時，ドラマのように「いいよー」とはならず，「だーめ！」とタケシくんは返したのであるが，その時のことを，先生は微笑ましく語っていた。

　こうした保育者の態度は，第7章で久保山茂樹氏によって紹介されている保育者のあるべき姿と重なる。日々，タケシくんの先生は，子どもの好きなことをヒントに，互いを認め合うゆるやかな関係づくりを心がけ，時に「待つ」姿勢で子どもに寄り添っていた。卒園時，胸を張って証書を受け取るタケシくんの小さな背中を見ながら，タケシくんが，社会へと巣立っていくときのことを想像した。社会に出るまでにこの自信を失わず，いかにして生きる力を得ていくことができるのだろうか。より大きな子どもたちの生活の場である特別支援学校（高等部）と地域支援が私の新たなフィールドとして加わった。

3　アセスメントの先

　生徒の認知的特性を知る上で，テストバッテリを活用することができるが，同時に，第2章・第8章で述べているように，目の前の生徒の姿からも多くの情報を得て欲しい。特に，教育の場にいる教師にとって，生徒が記したワークシートや失敗のきっかけとなった場面を丁寧に観察することで，その生徒の認知的特性やつまずきの実態を知る手がかりを得ることができる（村井・山田，2015）。加えて，どういった支援が効果的であったのか評価する際も，生徒の表

情・姿勢や目の精彩さ，言葉から確認することもできるだろう。

そして，そうした多角的なアセスメントを，単なる個人についての分析に留めるのではなく，将来の支援につなげて欲しい。一つの方向性は，生徒にとって分かりやすい授業づくりである。特別支援学校では，将来にわたって通用する確かな学びが求められる。もう一つの方向性は，生徒自身が，自らの認知的特性を踏まえた上で，どういった職業・働き方が自分に合っているかといったことまでも含んだ自己理解である。青年期は，社会に出て行くために，生徒自身が自己を知り，時に，自らのサーポーターになっていくプロセスである。加えて，適職を見出すためのジョブマッチングを丁寧に行うことで，その後の離職をできるだけ回避できる。そこで，前者については「4.生徒にとって分かりやすい授業づくり」，後者については「5.生徒が自ら語ることで得られる自己理解」で，いくつかの取り組みを紹介していく。

4 生徒にとって分かりやすい授業づくり

(1) 生徒一人ひとりの理解にもとづいた分かりやすい授業づくり

ある特別支援学校では，第1章で紹介したユニバーサルデザインを，授業研究を通して，さらに学校独自にカスタマイズしていった。

まず，授業研究を行う指導案を作成する際に，ユニバーサルデザイン内に記述されている支援例を参照しながら，教師の配慮事項等のアイデアを補っていく。授業時，授業参観者によって，その授業のどういったところが評価できたかといった点について自由記述を求める。教師自身意識していなかった関わりや問いかけが，実は生徒の理解を効果的に促している場合があり，それを第三者の眼を通して浮き彫りにするのである。それらの支援の中でも，特に，学校内で共有したい取り組みについて，ユニバーサルデザインに記入していく（図9）。そうすることで，その学校に在籍する生徒のニーズに応じた独自のユニバーサルデザインができあがっていくのである。

例えば，職業教育の場面において，生徒は時に2名以上の教員からアドバイスを受けることがある。第1章で述べられているようにワーキングメモリの小

ささは，生徒たちに共通してみられる特徴であるため，教師は指示が長くならないように配慮していた。しかし，生徒の立場にたってみると，同時に2人から指示を受けた場合，一人の教師が発する情報が適切であったとしても，情報量はおのずと増えてしまう。ある授業では，そのことを意識して，2人の教師が，教師側ではなく生徒側の視点にたって，指示する情報を整理するよう心がけている様子が明らかとなった。

　また，ある特別支援学校では，ワーキングメモリのアセスメントを実施してみると，学年全体を通して，位置に関する記憶については概して強みがあることが示された。実際，板書が整理されている授業では，「生徒が何をしているのか見失うといった場面が少ない」といった教師からの振り返りからも確認されていた。このことは，授業の流れを構造化するとともに，板書やワークシートの工夫が効果的であることを示唆する。授業計画と同時に板書計画やワークシートに関する教材研究は，生徒の分かりやすさを直接促すものとなり，校内研修においても中心的なテーマとして扱われていった。

（2）生徒にとって意味ある学びに焦点をあてる

　特別支援学校の2年生が職業教育の一環として，調理を行っていた。それ以前に秤を使った計量の学習は終了しており，当日は，鰹節から味噌汁を作る活動であった。しばらくすると，「鰹節が足りません！」という男子生徒の困った様な声がした。教師が近づいてみると，調理室にある最も大きなボウルに山のような鰹節が盛られていたが，それでも鰹節は足りないという。その時，計

図9　ユニバーサルデザインのカスタマイズ

量すべき鰹節は，15ｇであったため，目の前の鰹節の多さに教師は唖然として
しまった。すぐに教師は，あることに気づいた。それは，前回用いていた計量
秤は，小数点第一位が表示されていたが（「15.0」），今回は整数のみが表示され
ており，結果，生徒は150ｇの鰹節を量ろうとしていたのである。

　この時，男子生徒は量り方が分からなかったのではない。「おおよその量を
つかむ体験」が不足していたのである。教師は，次の時間，密度の異なる様々
なもの（粘土・スポンジ・釘・木くず）を量る体験を授業に組み込んでいった。
まず，目の前に並べられた粘土・スポンジ・釘の重さを，グループごとに，見
た目で推測することとした。グループごとに話し合いが行われ，それぞれの重
さがワークシートに記入された。実際に，計量してみると，それは全て同じ重
さであった。私たちがつかむおおよその量の感覚がこんなにも見た目に左右さ
れやすいことを生徒自身は意見を交わしながら，把握していった。最終的に，
木くずで100gを量ることとした。これも予想を上回る量であり，クラスには歓
声が響いた。

　ここでの学びは，まさに，生徒の体験として抜け落ちていた「おおよその量
をつかむ」ことが学習のテーマとなっていた。あるものを計量する際，それが
「おおよその量」に合うかどうかといった確認作業は，各種の職場において無
意識に行われている作業である。生徒の体験・知識として不足しているものを
実態から把握していくことで，生徒にとって今学ぶべきテーマを見出すことが
できる。

5　生徒が自ら語ることを支援する──自己理解を促す

（1）キャリアカウンセリング

　特別支援学校の生徒は，目の前の課題解決の方法を尋ねられると，「がんば
ります」と答えることが多い。きっと「がんばればできる」といった応援を呪
文のように繰り返されながら，支援を受け，そして，前を進んできたのであろ
う。しかし，「何を」「どのように」頑張ればいいのかといった具体的なイメー
ジが持ちにくい場合，結果，多くの失敗を重ね，自信を失ってしまう。

第Ⅲ部　子どもの発達に応じた具体的な実践

　ある高等支援学校で行っているキャリアカウンセリング（あるいは個別相談）は，生徒がそれ以前に行った実習での体験を教師に対して語ることを通して，その時の自分の感情に向き合い，成功体験を意味づけ，自らにあった職場選択（ジョブマッチング）を促している。

　生徒は，実習後の振り返りの授業にて，自己評価を複数の観点から行うとともに，実習先からも同様の評価を受けている。カウンセリングの際，そうした資料（ワークシートや評価表）を参考にしながら，教師と生徒が1対1で，実習を振り返っていく。特に，大切にしたいのは，生徒自らが体験したエピソードである。生徒は，体験をエピソードとして語る中で，自分の姿を想起し，「うまくいったこと」「工夫がさらに必要なこと」，そして，「自分の特徴」などを自分の記憶のポケットに整理しなおし，自己理解を深めていく。気を付けたいのは，失敗体験が想起されやすいことである。しかし，そうしたエピソードにばかり終始していては，自己評価もまた低下する。逆に成功体験は，自らの得意な面が活かされた貴重な場面であると言え，そこでの振り返りを大切にしたい。

　ある生徒は，自分は大きな音が苦手だと思っていたのに，お皿を調理場で洗う音は全然気にならなかったこと，食洗機で洗い終わった後に，お皿を取り出して並べる作業が，気に入ったことなどをはにかみながら語っていた。「人間のいろんな声が混ざったり，急に大きな音がするのは，やっぱり苦手」なのだそうだ。予測可能な音の範囲内であれば，それに慣れることができるといったこと，加えて，整理されたお皿を見ることが心地よいと感じるといった自らの感性を見出すことができた瞬間である。教師はそれを嬉しそうに聞き取っている。教師によって書かれたメモ書きは，生徒に手渡され，生徒が実習を振り返る際の資料とされる。生徒は，語ることに集中できる。

（2）廊下での対話

　特別支援教育コーディネーターを中心とした各種担当や役職による学校内のネットワークは，責任の所在が明確であり，機動性も高い。それらは，各学校内において，支援体制のデフォルトとして存在しておく必要があると言えるが，先ほど示したキャリアカウンセリングといった明確な目的をもった対話に留まらず，「偶発的」な対話の教育的価値についても，明確に位置付けていく必要

がある。

　高等学校における支援教育に携わる中田正敏氏は，インフォーマルな「廊下での対話」と「教職員間の相手を変えて行われる対話（オン・ザ・フライ・ミーティング）」が相互に結びついたコミュニケーションの空間の重要性を指摘している（中田，2017）。生徒との直接的なやりとりのなかで，教師は，生徒が抱える支援のニーズを肌でとらえることができ，そこで得た話が他の教師とともに語られる。そして，必要だと判断された場合には，チームでのアプローチや，より専門的なケースカンファレンスへと引き継がれていく。

　中田氏は同時に，教師と生徒の関係性について言及している。対話の中で教師が対象とするものは，困っている生徒ではなく，生徒と共に見出された何らかのテーマとされる。つまり，教師と生徒が互いに語りながら，生徒自身の課題にともに向き合っていくのである。こうした教師との関係性こそが，本当の意味での生徒の語りを引き出すと考えられる。

　ふとした疑問に耳を傾けてもらえるといった教師への信頼感が，生徒の本音を引き出し，教師と生徒はともに考える対話者になっていく。

6　地域の中で育つ

　町の小さなクリーニング屋さんに，今日も，16歳になったリナさん（仮名）が立ち寄っている。店先に置かれた小さな椅子に座り，一日の出来事を報告するのだそうだ。

　5年前，小学校の修学旅行の日程が近づいてきた。リナさんが，お金の使い方やおつりのもらい方が分からなくて不安感を抱えていることを，立ち話の折り，ふと母親が店主に伝えた。すると，「ここで練習すればいいんだよ」と，温かく声をかけてくれた。リナさんは，「ここならできそう。」と思った様子で，おつかいを任されるようになった。リナさんにとって緊張感のあるお金のやりとりも，小さな成功体験を積み重ねることで克服していくことができた。

　お仕事体験を柱とした地域のネットワークをつくり出した親の会がある。協力してくれる会社で子どもたちはお仕事を体験させてもらうのである。会社は子どもたちのできることを把握しながら，毎回，いくつかの仕事を準備する。

第Ⅲ部　子どもの発達に応じた具体的な実践

研修を受けたサポーターさんが，子どもたちに同行するが，あくまでも見守る姿勢であり，子どもは働き手としての意識をもって臨む。仕事内容は，業種によって様々であり，美容室であれば清掃，事務所であれば梱包作業やリサイクル用紙の回収などである。何回も顔を合わせるうちに，子どもたちは，居場所感を得ていき，そして大人も，子どもが取り組んだことについて「おつかれさま」「ありがとう」と気軽に声をかける。一年の活動を振り返る会の中で，会社の人がこう述べていた。「彼らにできる仕事を探す中で，見えていなかった仕事が見えてきたり，作業を見直す中で，自分たち自身のミスを防ぐ手立てを見出したりしたこともあります。何より，子どもさんの成長の姿を見ることができるのが嬉しいですね」。

　地域の中での交流やネットワークの中での体験によって子どもの小さなチャレンジを後押ししうることも，支援者として知っておきたい。何より地域の中に信頼できる大人と出会うことは，社会に出ることへの安心感をもたらす。

7　余暇活動の大切さ

　ショウタくん（仮名）は，支援学校を卒業したばかりである。彼とは小学校3年生からのおつきあいになる。言葉で自らの思いを表現しにくい彼の思いをいかに引き出すことができるのだろうかと，両親は，彼の「好きなこと」「好きそうなこと」にアンテナを張り，その可能性を拡げてきた。「絵を描くこと」「ピアノをひくこと」「映画を見ること」「テレビを見ること」「卓球をすること」。そのどれもが，今の彼の生活を豊かにしている。

　彼は，動植物の絵を得意とし，一定の筆圧で一筆書きのように動物の輪郭を描きだし，パステル調の色で彩る。彼の温かさと安定した心がまさに絵に描きだされているようでもあり，見た者を思わず笑顔にする優しさがある。彼は絵を描くことで，表現の方法を手に入れた。「ショウタくんは，絵に携わる仕事が向いているのかもしれないね」。そんな話を交わしたこともあるが，母親は，にこやかに首を振った。「ある時，素敵なチューリップを描いていたので，思わず，もう1個描いてみてって，いったんです。そしたら，文句も言わずに，さささって描いてはくれたんですが，ショウタの思いが入っていないなって。やっ

104

青年期の知的発達の支援　第9章

ぱり，描きたいものを描きたい時に描くのがいいんですよね」。この思いに至るまでの母親の心の旅はいかなるものであったか。こうした母親の深い理解に支えられ，ショウタくんは，今も，思いのままに絵を描き，その絵は，時にカードとして手渡され，様々な人との交流に役立てられている。

　そして，ショウタくんの次の目標は，初めてのお給料をもらって，一人で電車に乗り，映画を見に行くことだそうだ。ショウタくんの姿は，働くことを支える上での余暇活動の意味とその大切さを改めて教えてくれる。

8　おわりに

　青年期の特別支援教育では，「今，生徒とともに何を目指すべきか」といった姿勢がより重視される。そして，社会での自立をテーマにおいた授業づくりやキャリア教育が，それ以前の教育とは大きく異なる。しかし，保育と特別支援教育の両方に関わらせていただく経験を通して，興味深いことに，特別支援領域で出会った教師の姿と保育の領域で出会った保育者の姿が重なることが多かった。そのいずれも，子ども・生徒の心の動きに対する敏感性が高く，子どもとの関わりは応答的であった。それは，子どもの育ちを支える大人として共通する姿勢と言えるかもしれない。

【文　献】

中田正敏．(2017)．高等学校におけるインクルーシブ教育：インクルーシブな高校づくりの試み「対話のフロントライン」を基点として(特集「インクルーシブ教育を実践する」)．授業づくりネットワーク，25, 82-87．東京：学事出版．

村井敏宏・山田　充．(2015)．誤り分析で始める！　学びにくい子への「国語・算数」つまずきサポート．東京：明治図書出版．

文部科学省．(2015)．特別支援教育資料(平成26年度) http://www.mext.go.jp/a_menu/shotou/tokubetu/material/1358539.htm (2018年4月30日閲覧)

第Ⅲ部　子どもの発達に応じた具体的な実践

第10章 家庭における知的発達の支援と家族支援

藤田久美

1　はじめに——子どもが育つ環境としての家族

　子どもは，周囲の環境との相互作用の中で発達していく。家庭は，子どもの育ちを連続的に支える場であり，保護者のかかわりは子どもの発達に大きな影響を与える。保護者が行う育児には数えきれないほどの営みがあり，それを日々行っていかないと生活が成り立たない。このような営みを日常的・継続的に行っていくことの大変さ・難しさについては，親になった者なら誰でも感じたことがあるだろう。理想を言えば，親というものは，子どもの健全な発達や幸福のために，子どもがどんな状況にあっても無償の愛を注ぐ存在でありたいと願う。また，子どもの豊かな発達を支えるために何ができるか考え，実行していく力を持ちたいと考えるだろう。しかし，子育ては理想通り行かないものである。親になるプロセスを通して，親も人として発達していく。

　生涯発達の視点から捉えると，子どもの育ちを支える支援者は，親の育ちも支える存在でなくてはならない。障害や発達の遅れだけでなく，経済的な事情や親自身が抱える課題によって，子どもの成長発達に危機的な状況が生じることもあるだろう。また，子どもの障害や環境（学校，人間関係等）により，子どもが危機的な状況に置かれたときは，親もまた危機を迎える。発達心理学研究においてはこのような状態に長く置かれた子どもの心身の発達に何らかの影響を及ぼす報告がされてきた。

　現代社会においては，福祉・心理・教育・医療など，様々な立場からの支援があり，子どもと家族が社会とつながりながら，安心して暮らすことのできる仕組み作りが試みられている。発達心理学を専門とする子どもの育ちにかかわる支援者の役割は何であろうか。

筆者は，発達障害のある子どもの発達支援にかかわる経験を通して，子ども
の育ちを支える家族の役割とその役割を発揮させるための支援のあり方を考え
てきた。本章では，筆者の実践をもとに，家族力とその力を形成するための支
援者の役割を再考する。

2　家族力の形成——家庭における知的発達の支援

（1）この子の親としてどう生きるか——混乱からの出発

　「この子の親として何ができるかということを考えて生きてきた。この子が
幼いころありのままに大好きになれない時期があった。でも今は，自信を持っ
て言えます。『この子を育てさせてもらってよかった』と。毎日がんばって働
いているこの子の姿は私の元気の源です。」

　これは，現在，青年になった自閉症スペクトラムの診断をもつ優介さん（仮
名）の母親の言葉である。優介さんは3歳2か月の時に「自閉症」の診断を受
けた。診断を受けた後，母親はショックを受け，不安を抱えたまま日々の生活
を送っていた。その後，診断を受けたクリニックで医師やセラピストと出会い，
利用をすすめられた知的障害児通園施設（現：児童発達支援センター）で支援
者や仲間に出会った。このような出会いの中で，不安ばかり抱えていても前に
進めないことを感じ，次第に自分の役割を認識していった。支援者と子どもの
理解を共有し，悩みや不安を支援者や仲間と共有し，母親として自分ができる
ことは何かを模索するようになった。

　「ありのままに大好きになれなかった」は，不安の中にいた母親の姿を象徴
する。「この子の親として何ができるか」という言葉には，支援者との出会い
を積み重ねながら，家庭の中でどのようなかかわりをしたらよいか，母親が知
恵を絞りながら，わが子の障害や発達の特性に合わせながら「できること」を
行ってきた＜子育ての足跡＞が象徴される。その道のりの過程には葛藤や困難
もしばしばあり，時には立ち止まったり後戻りしたりしたこともあった。しか
し，懸命に前に向いて生きることで，次第に家族（父親・母親・本人・きょう
だい）の団結力が生まれた。家族で力を合わせて乗り越えていく道のりの中に

107

は，優介さんの成長を喜び，子育てを楽しむ家族の姿があった。混乱を脱するためには支援者と出会いが鍵となる。

（2）つながりの中で育てる知的発達──保護者と専門家の協働

　筆者は，クリニックで優介さんの幼児期の個別療育の担当者として母親に出会った。個別療育は就学までだったが，その後も母親の相談を受けてきた立場である。優介さんのIQ（知能指数）は70台だったため知的障害が認められないボーダーラインの子どもだった。幼児期の優介さんは，積み木の形に興味を持ち，その形がどんな様相なのか自分のペースでじっくり観るのが好きな子どもだった。また，文字や数字にも興味があり，それらを観ることも好きだったし，文字や数字を書くことにチャレンジすることも好きだった。人とのコミュニケーションは苦手で，独り言やアニメのセリフを繰り返し言うことも多く，母親が一番心配していた点だが，身近な大人（母親，父親，支援者）と好きな遊びを媒介にすることで，人の存在を意識し，やりとりができるようになった。新しい遊びを教えてくれる大人とのかかわりを楽しみ，次第にコミュニケーションの力を伸ばした。ことばや会話の意味を教える学習を通して，言語発達が促進され，人とのやりとり，会話がスムーズになった。

　筆者が心がけていたことは，保護者が家庭でどのようなかかわりをしたらよいか具体的に伝え，家庭の中で保護者が子育てを通して優介さんの発達を支える担い手として役割認識をしてもらえるようにしたことである。そのために，家庭の中の優介くんの様子を聴き，クリニックで取り組んでいる学習の意味等を伝え，相互に発達の情報を共有した。クリニックで学習したことの般化だけでなく，家庭だからこそできることを提案した。母親自身も様々なアイデアを生み出し，優介さんの身の回りの世話をしながら，着替えや手洗い等，生活する力を教えた。洗濯を干したり，たたんだりすることを教え，お手伝いもできるようになった。父親の役割は休日の散歩と電車の写真を一緒に撮って，アルバム作りをすることだった。6歳年上の姉は，優介くんに手作りの教材を作成し，漢字や計算を教えた。

　優介さんは愛をたくさん受けた。母親は，子どもを「かわいい」と表現することが多くなり，悩みや困り事は私たちに発信し，家庭でできることを具体的

家庭における知的発達の支援と家族支援　第10章

に考え，実行した。保護者と専門家の協働は，保護者が専門家に支えてもらっているという実感を持ちながら安心して子育てができるようになる。つながっているという安心感は，家族に大きな力を与える。

（3）主体的な子育て——家族力の発揮

　学齢期以降の優介さんの成長は目覚ましかった。小学校は通常学級に在籍し，好きな教科の学習に取り組んだ。身の回りのことはすべて自分でできるようになり，電車に一人で乗れるようにもなった。中学校は特別支援学級に在籍し，教科学習をはじめ，ソーシャルスキルやライフスキルを身につける学習をした。おこづかい帳をつけ，金銭管理もできるようになった。家族の一員として家庭の仕事を担ったり，祖父母宅の手伝いを行ったりした。特別支援学校高等部では電車を使って自立登校し，就労に向けて日々学習に取り組んだ。高等部3年生の時，車の免許も取得した。現在は，障害者雇用で一般企業に就労し，家から車で通勤している。

　紹介したエピソードのように，保護者が家庭で何ができることを主体的に考えるようになると，家族メンバーがそれぞれの役割を発揮できる。そのことは子どもの発達を促進するだけでなく，家族のメンバー（本人を含めた父親・母親・きょうだい等）それぞれの幸せにつながり，家族の絆を深めていくように思う。

　家庭の中で子どもは育っていく。家族も，子どもと共に生きる力を形成し，成長していく。子どもの発達にかかわる専門家は，家族力が発揮されるような支援を行うことが肝要である。

3　家庭における知的発達の支援

　家庭の中での日常的・継続的な育児の営みには子どもの知的発達を促していく要素があふれている。ここでは筆者の経験をもとに家庭における知的発達の支援を整理し，支援者による家族支援のあり方・視点について述べていく。

第Ⅲ部　子どもの発達に応じた具体的な実践

（1）基本的生活習慣の確立

　筆者は，幼児期・児童期の子ども発達支援を通して，知的発達を促すために家庭でできる一番大切なことは「基本的生活習慣の確立」だと考えている。母親の主訴は「ことばの遅れ」や「学習の遅れ」であっても，包括的なアセスメントを行えば，子どもが基本的生活習慣の確立が年齢相応ではない場合が多い。しかし，目の前にある発達の遅れへの心配が大きく，生活していく上で重要なスキルとなる基本的生活習慣について，あまり重要視されないように感じている。

　基本的生活習慣は，人が社会に適応して生活する上で不可欠かつ最も基本的な事柄に関する「食事」「睡眠」「排泄」「着脱衣」「清潔」の5つの習慣をいう。基本的生活習慣の確立の目安は，幼児期にその子どもの発達の状況に合わせながら習得できることが望ましい。基本的生活習慣の乱れは，就学以降の学習生活にも影響を与えるだけでなく，青年期・成人期以降の生活の質にも影響を及ぼす。

　基本的生活習慣を習得させるために，乳幼児期の子どもを育てる保護者は日々子育てに奮闘している。子どもの成長発達に合わせながら，自分一人で着替えや食事，排泄等ができるように，保護者が見本を見せたり，手伝ってあげたり，自分でやらせてみたりしながら教えていく。このような場面では，親子のコミュニケーションが生まれていく。ことばのやりとりだけでなく，励ましたり，褒めたりしながら，「できた」という喜びを一緒に味わうこともあるだろう。このようなやりとりを通して，言葉・コミュニケーション，認知，社会性など様々な発達を伸ばしていくことができる。

（2）親子のかかわりと知的発達

　子どもは家族に愛情を注がれながら育つことが理想である。家庭生活を送る中で，子どもがどのような経験を積み重ねていくことができるかということが子どもの知的発達にも影響を与えていく。

　日々の生活の中には，保護者と子どもの様々なかかわりが生まれる。成長に合わせて，それは行われていくだろう。幼いころは，話しかけたり，子どもの

言動・思いに応答的にかかわったり，玩具・絵本・うた等を媒介にやりとりを生み出していく。家族以外の大人や友人との出会いの機会をつくることや，散歩，公園やイベント等，様々な経験を与えることもあるだろう。

　子どもが成長していく過程では，たくさんの困難に出会う。家族の役割は困難を共有し，分かち合うことができる存在である。親が子どもの行動や思いに寄り添い，共に過ごす時間を通して，愛情が注ぐことを保持できれば，その困難を乗り越えることができると考えている。

　優介さんも，学齢期にいくつかの困難があった。心ない同級生の傷つく言葉をきっかけに学校に登校できない時期もあった。友人関係で深く悩み，孤独感も味わった。思春期には，自己理解の過程で将来に不安を持ち，行き詰ったこともある。優介さんの母親は，どんな時でも寄り添い，一緒に悩んだ。そして，相談者につなげたり，居場所を探したりした，学校に働きかけたり，支援を求めたりもした。母親はいつも子どもの味方となり，代弁者となった。また，年齢や発達の状況に合わせた叱咤激励をしながら，困難を乗り越える方法を共に考えた。

　家族に愛される経験は，子どもの中に自信を生成する。褒められ，認められた子どもは，前に進む勇気を自ら生み出していく。情緒の安定は，経験から学ぶことを助けてくれる。

（3）専門家の役割

　子どもの発達支援にかかわる心理士等の専門家は，子どもの今の状況を知り，家庭でどんな工夫や子どもへのかかわりをしたらよいかを一緒に考え，伝えていく役割がある。丁寧なアセスメントを行い，具体的な情報を保護者に伝えることが求められる。その際，家族支援の視点も忘れてはならない。支援者は，保護者がどんな状況の時でも親が抱える困難や葛藤に寄り添う姿勢を保持するころが大切である。また，その家族の持っている強み（Strength）に着目し，保護者の役割を明確にしていく視点も重要である。保護者が育児に対して肯定的な感情を持つことができれば，主体的な子育てを行う基盤が形成される。

第Ⅲ部　子どもの発達に応じた具体的な実践

4 家族の主体的な子育てを支えるために

（1）家族支援に導入したツール

　幼児期の児童発達支援センター等に導入するための家族支援ツールを紹介する。筆者が家族支援研究を通して開発した「子ども理解シート（名称；プロフィールブック）」は，児童発達支援センター等の利用開始時に，子どもの発達に関する心配事や支援者に求めることを自由に記述できるものである。子ども理解シートの項目は，①遊び②排泄③食事④着脱衣⑤睡眠⑥清潔⑦発達について（ことば・コミュニケーション，人とのかかわり，行動面で気になること）で構成されている。子どもの様子を記述する他に「支援者に聞いたいこと」「サービスに期待すること」について家族の思い・願いを発信できるようになっている（図10-1）。

　「夫婦で話しながら子どもが今できることや子育てで困っていることを考えることができました。書き終わった後，子どものためにもっと何かできるのではないかという意欲がわきました。先生（児童発達支援センター支援者）に聞きながら，これから家庭でできることを考えていきたいです」(3歳8か月の自閉症スペクトラム児の母親)

　「プロフィールブックを書くことで，子どものことをちゃんと理解できていない自分に気が付きました。そしてこの子もたくさんできることがあり，これからもっといろんなことができるようになったらいいなという思いを持つことができました」(2歳6か月，未診断の母親)

　支援者が，発達に課題を抱えた子どもとその親に出会うとき，親は子どもが今できていないことに悩み，子どものその事で自己肯定感が低くなっている。支援者は，そこにどのようなかかわりを生み出していくのか子どもの実態をアセスメントして支援することが求められる。具体的な支援の方法を提供し，家庭ではどのような役割をしたらよいか伝える力が必要である。アセスメントで

家庭における知的発達の支援と家族支援　第10章

〈家族が作成するプロフィールブック〉

（○○ちゃんのプロフィールブック）

＜項目＞項目ごとに頁を分ける（2は項目ごとに分けてもよい）

1. 遊びに関すること

遊びの様子, 家族のかかわり

できること, 困っていること

家族の願い

2. 基本的生活習に関すること

＜食事＞＜着脱衣＞＜排泄＞＜睡眠＞＜清潔＞

子供の様子と家族のかかわり

できること, 困っていること

家族の願い（こうなってほしいこと）

3. ことば・コミュニケーションに関すること

わかること・わかることば

発語, コミュニケーションの方法

家族のかかわりの様子

4. 行動面に関すること

子どもの様子と家族のかかわり

できること, 困っていること

家族の願い（こうなってほしいこと）

5. 運動に関すること

子どもの様子と家族のかかわり

できること, 困っていること

家族の願い（こうなってほしいこと）

6. 親の思い・願い

これまでのこと, これからのこと

支援者に向けたメッセージ

※項目ごとに整理しB5用紙一枚ごとに項目別に記述

〈支援方法〉

○家族が家庭生活を中心に子どもの様子と家族のかかわりを紙面に整理する

○家族が主体的に作成することをサポートする

〈活用の意義・視点〉

〈家族アセスメント〉

○生活課題の把握

○家族の子ども理解の程度

○親子関係 など

〈家族支援〉

○家族アセスメントを丁寧に行い, 家族理解を深める

○支援者と家族が子ども理解を深め合う作業を共に行う

○家族の子どもへの思いや家族の願いを聴いたり確かめたりすることで家族の子どもへの愛情を確認する

○家族が子どもの発達支援に主体的にかかわることを促し, 初期の段階から協働のパートナーとしての意識を高める

○家族の子育てへの肯定的感情を高める

図10-1　プロフィールブックの内容と支援方法, 家族支援の視点（藤田, 2011）

は「できないこと」だけでなく，その子どもが持っている強み（Strength）も探していくことが必要である。さらに，家族をアセスメントし，その家族が持っている強み（Strength）も引き出していく支援を行う視点をもってほしい。家族力を発揮させ，子どものよさ・魅力や子どもを取り巻く一番の環境となる引き出す支援を行っていくことが求められる。

（2）保護者同士の支え合いと学び合いの場の創造

　筆者は，臨床の場で出会った母親への支援を通して，母親同士の交流の場が必要だと考え，地域で実践を行ってきた。山口県発達障害者支援センターで実施している「ママグループカウンセリング」（発達障害児を育てる母親を対象，月1回，2003年開始）では，筆者がファシリテーター役を担い，テーマをもとにグループカウンセリング方式で運営している。ここでは，悩み・不安を共有するだけでなく，具体的な子育ての方法を一緒に考えたり，子育て経験を通して家庭で工夫していることを出し合ったりしている。子どもの発達の課題等を解決するため，家庭でできることを考えたり，教員や支援者に働きかけたりして，家庭の中で行ってきた子どもへの思いを語る活動である。保護者が自分の家庭のことを他の保護者や筆者に伝える時，子どもの障害特性や発達の課題に家族がどう対応したらよいか混乱していた時期のことも同時に語られる。その語りにグループメンバーが耳を傾ける。一人ひとりが自分のことばで家庭の中でがんばっていることを報告すると，賞賛や労いの言葉がかけられる。そのことにより，子育てに日々奮闘している母親は，自分を肯定する機会を与えられているように思う。母親たちは，様々な家庭の様子を知り，異なった価値観に出会う経験もする。一方，共通点を見つけ，深い共感をしたり，学んだりする。筆者は，このような母親のグループ活動支援の実践を通して，活動の意義を見出している。母親が育児に肯定的な感情を持ち，主体的な子育てを実現でるよう，母親同士の支え合いの場・学び合いの場の提供が必要だと考える。このような取り組みは，ひいては，子どもの幸せを支え，知的発達を促進することにつながるのではないだろうか。

第10章 家庭における知的発達の支援と家族支援

5 おわりに

　激動の時代を迎えた今日，子どもを取り巻く環境が大きく変化している。しかし，保護者が子どもを思う気持ちは今も昔も変わらないのではないだろうか。子育てという営みは，どんなに社会が大きく変動しようとも，そこにある積み重ねが子どもの未来を創りだしている。

　本章では優介さんの成長のものがたりを交え，家族の姿を紹介した。優介さんの家族が培った＜家族力＞から生まれた子育ての実践はきっと多くの子どもと家族に役立つと考える。

　厚生労働省では，発達障害者支援システムにおける家族支援の強化に加え，家族が主体的に子育てを行うことのできる仕組み作りをすすめている。親が子育て経験をもとに同じような障害や発達の課題を抱える親の相談相手となるペアレント・メンターの養成や，親が子どものかかわり方を学ぶペアレント・プログラムやペアレント・トレーニングの活動の導入をすすめている。

　今後の展望として，子どもの発達支援にかかわる支援者が，地域支援システムの構築において具体的な役割を果たしていくことが求められる。

【文　献】

安梅勅江. (2009). *根拠に基づく子育ち・子育てエンパワメント：子育ち環境評価と虐待予防.* 東京：日本小児医事出版社.

藤田久美. (2011). 発達初期の障害児を育てる家族支援サービスモデルの開発. *山口県立大学社会福祉学部紀要.* 17, 23-36.

藤田久美. (2011). 地域を基盤とした発達障害児の母親支援システム構築の過程と課題：インフォーマルサービスの開拓における専門家の役割に焦点を当てて. *臨床発達心理実践研究.* 6, 138-144.

藤田久美. (2014). 保護者同士の支え合いをエンパワーする. 久保山茂樹 (編著). *子どものありのままの姿を保護者とどうわかりあうか (青山新吾 (編集代表). 特別支援教育ONE テーマブック④).* 東京：学事出版.

藤田久美. (2016). 発達障害児の早期支援における子ども理解と家族支援のためのサービスモデルの開発 (基盤研究C 一般) 報告パンフレット, 発達障害の早期支援における子どもと家族へのまなざし. 山口県立大学社会福祉学部障害児教育研究室発行.

115

▌著者紹介（執筆順）

湯澤正通	（ゆざわ・まさみち）	広島大学大学院教育学研究科 教授
水田めくみ	（みずた・めくみ）	大阪医科大学 LD センター 言語聴覚士
山田　充	（やまだ・みつる）	広島県廿日市市教育委員会特別支援教育 コーディネーター
河村　暁	（かわむら・さとる）	発達ルームそら 代表
湯澤美紀	（ゆざわ・みき）	ノートルダム清心女子大学人間生活学部 准教授
栗本奈緒子	（くりもと・なおこ）	大阪医科大学 LD センター 言語聴覚士
久保山茂樹	（くぼやま・しげき）	国立特別支援教育総合研究所 インクルーシブ教育システム推進センター 総括研究員
吉田英生	（よしだ・ひでき）	岡山県津山市立北小学校長
藤田久美	（ふじた・くみ）	山口県立大学社会福祉学部教授

※所属は執筆時

監修者紹介

本郷一夫（ほんごう・かずお）

　東北大学大学院教育学研究科教授。博士（教育学）。東北大学大学院教育学研究科博士後期課程退学。東北大学大学院教育学研究科助手，鳴門教育大学学校教育学部講師，同大学助教授，東北大学大学院教育学研究科助教授を経て現職。専門は発達心理学，臨床発達心理学。現在は，社会性の発達とその支援に取り組んでいる。主な著書に『幼児期の社会性発達の理解と支援―社会性発達チェックリスト（改訂版）の活用』（編著・北大路書房，2018），『認知発達とその支援』（共編著・ミネルヴァ書房，2018），『認知発達のアンバランスの発見とその支援』（編著・金子書房，2012），『「気になる」子どもの保育と保護者支援』（編著・建帛社，2010），『子どもの理解と支援のための発達アセスメント』（編著・有斐閣，2008）など。

編著者紹介

湯澤正通（ゆざわ・まさみち）

　広島大学大学院学校教育研究科教授。広島大学大学院教育学研究科博士後期課程修了，博士（心理学）。鳴門教育大学助教授，広島大学助教授，現職。専門は，教育心理学，発達教育など。おもな著書に『ワーキングメモリを生かす効果的な学習支援：学習困難な子どもの指導方法がわかる！』（学研プラス，2017 年），『ワーキングメモリと英語入門：多感覚を用いたシンセティック・フォニックスの提案』（北大路書店，2017）『ワーキングメモリと日常：人生を切り拓く新しい知性』（監訳，北大路書房，2015）など。

シリーズ 支援のための発達心理学

知的発達の理論と支援 ——ワーキングメモリと教育支援

2018 年 9 月 28 日　初版第 1 刷発行　　　　　　　　　　　　　　　［検印省略］

監修者	本　郷　一　夫
編著者	湯　澤　正　通
発行者	金　子　紀　子
発行所	㈱金　子　書　房

〒112-0012　東京都文京区大塚 3-3-7
TEL　03-3941-0111 ㈹
FAX　03-3941-0163
振替　00180-9-103376
URL　http://www.kanekoshobo.co.jp

印刷／藤原印刷株式会社　製本／株式会社宮製本所
装丁・デザイン・本文レイアウト／ mammoth.

© Masamichi Yuzawa, et al.,2018
ISBN978-4-7608-9573-1　C3311　Printed in Japan

金子書房の発達障害・特別支援教育関連書籍

子どもの特性や持ち味を理解し、将来を見据えた支援につなぐ

発達障害のある子の自立に向けた支援
――小・中学生の時期に、本当に必要な支援とは？

萩原 拓 編著　　A5判・184頁　本体1,800円+税

通常学級にいる発達障害のある子どもが、将来社会に出て困らないための理解や支援のあり方を紹介。学校でできる支援、就労準備支援、思春期・青年期に必要な支援などを、発達障害支援・特別支援教育の第一線で活躍する支援者・研究者・当事者たちが執筆。好評を得た「児童心理」2013年12月号臨時増刊の書籍化。

CONTENTS
- 第1章　総論・発達障害のある子の将来の自立を見据えた支援とは
- 第2章　発達障害の基礎知識・最新情報
- 第3章　支援のために知っておきたいこと
　　　　――発達障害のある成人たちの現在
- 第4章　自立に向けて学校でできる支援
- 第5章　思春期・青年期における支援の実際
- 第6章　自立・就労に向けて
- 第7章　発達障害のある子の家族の理解と支援

K 金子書房

自閉スペクトラム症のある子への性と関係性の教育
具体的なケースから考える思春期の支援

川上ちひろ 著　　A5判・144頁　本体1,800円+税

中京大学教授　辻井正次先生 推薦！

「性」の領域は、タブーや暗黙のこととされることが多く、発達障害の子どもたちにとって指導が必要な領域です。本書は、通常学級などに在籍する知的な遅れのない発達障害の子どもたちを対象に、「性」の問題を、そこにいる他者との「関係性」のなかで、どう教えていくのかについての実践的な内容が書かれています。多くの子どもたちと保護者・教師を助けてくれる1冊となるでしょう。

主な内容
- **第Ⅰ部　思春期のASDのある子どもの性と関係性の教育について**
「性と関係性の教育」とは何か／思春期を迎えたASDのある子どもの性的文脈の関係の複雑さ／従来の「性教育」「性の捉え方」からの脱却／ASDのある子どもの性と関係性に関わる問題行動について／家族や支援者の悩み・陥りやすい間違った関わりについて／ほか
- **第Ⅱ部　具体的ケースから考える――ASDのある子どもの性と関係性の教育・支援**
男女共通・どの年代でもあてはまる話題／とくに思春期の女子にあてはまる話題／とくに思春期の男子にあてはまる話題

金子書房の心理検査

自閉症スペクトラム障害(ASD)アセスメントのスタンダード

自閉症スペクトラム評価のための半構造化観察検査

ADOS-2 日本語版

C. Lord, M. Rutter, P.C. DiLavore, S. Risi,
K. Gotham, S.L. Bishop, R.J. Luyster, &
W. Guthrie　原著

監修・監訳：黒田美保・稲田尚子

［価格・詳細は金子書房ホームページをご覧ください］

導入ワークショップ開催！

〈写真はイメージです〉

検査用具や質問項目を用いて、ASDの評価に関連する行動を観察するアセスメント。発話のない乳幼児から、知的な遅れのない高機能のASD成人までを対象に、年齢と言語水準別の5つのモジュールで結果を数量的に段階評価できます。DSMに対応しています。

自閉症診断のための半構造化面接ツール

ADI-R 日本語版

■対象年齢：精神年齢2歳0カ月以上

Ann Le Couteur, M.B.B.S., Catherine Lord, Ph.D., &
Michael Rutter, M.D., F.R.S.　原著

ADI-R 日本語版研究会　監訳
［土屋賢治・黒田美保・稲田尚子　マニュアル監修］

- プロトコル・アルゴリズム
　（面接プロトコル1部、包括的アルゴリズム用紙1部）…本体 2,000円+税
- マニュアル……………………………………………本体 7,500円+税

臨床用ワークショップも開催しております。

ASD関連の症状を評価するスクリーニング質問紙

SCQ 日本語版

■対象年齢：暦年齢4歳0カ月以上、
　　　　　精神年齢2歳0カ月以上

Michael Rutter, M.D., F.R.S., Anthony Bailey, M.D.,
Sibel Kazak Berument, Ph.D., Catherine Lord, Ph.D., &
Andrew Pickles, Ph.D.　原著

黒田美保・稲田尚子・内山登紀夫　監訳

- 検査用紙「誕生から今まで」(20名分1組)………本体 5,400円+税
- 検査用紙「現在」(20名分1組)……………………本体 5,400円+税
- マニュアル……………………………………………本体 3,500円+税

※上記は一定の要件を満たしている方が購入・実施できます。
　詳細は金子書房ホームページ (http://www.kanekoshobo.co.jp) でご確認ください。

金子書房

シリーズ

支 援 の た め の 発 達 心 理 学

———— 本郷一夫◎監修

既刊

コミュニケーション発達の理論と支援
藤野　博 編著

本体 1,500円＋税／A5判・128ページ

実践研究の理論と方法
本郷一夫 編著

本体 1,500円＋税／A5判・128ページ

知的発達の理論と支援——ワーキングメモリと教育支援
湯澤正通 編著

本体 1,500円＋税／A5判・128ページ

自己制御の発達と支援
森口佑介 編著

本体 1,500円＋税／A5判・120ページ

刊行予定

※いずれも、予価1,500円＋税, 予定ページ数128ページ。
※タイトルはいずれも仮題です。

◆情動発達の理論と支援
遠藤利彦 編著

◆愛着関係の発達の理論と支援
米澤好史 編著

◆生態としての情動調整——心身理論と発達支援
須田　治 編著

◆生涯発達の理論と支援
白井利明 編著